7. Heimatschrift des östlichen Unterallgäu

# Beiträge zur Geschichte von Türkheim

unter besonderer Berücksichtigung der Barockzeit

Alois Epple

Bibliografische Information der Deutschen Nationalbibliothek: Die Deutsche Nationalbibliothk verzeichnet diese Publikation in der Deutschen Nationalbibliografie; detaillierte bibliografische Daten sind im Internet über dnb.dnb.de abrufbar.

© 2002 Alois Epple

Herstellung und Verlag: BoD – Books on Demand, Norderstedt
ISBN: 9783739204604

## Vorwort

Eigentlich wollte ich, so lange wie der Türkheimer Gemeinderat „donum vitae" finanziell unterstützt, nichts mehr über Türkheim veröffentlichen. Um mich vor mir zu schützen, habe ich die allermeisten meiner Unterlagen über Türkheim vorsorglich im Wertstoffhof im Altpapier entsorgt. Die Unterstützung des Vereins „donum vitae" ist anscheinend eine „heilige Kuh" für die Marktgemeinde Türkheim. Über alles kann man in Türkheim reden, nur nicht über die Unterstützung dieses Vereins mit jährliche 120.- € durch die Gemeinde. Überspitzt ist meine Frage: Was solle der Gemeinderat Türkheim eher finanziell unterstützen: das Töten von Kindern oder die Beschäftigung mit der Geschichte von Türkheim. Die Antwort der Türkheimer Gemeinderäte lautet anscheinend: Abtreiung, oder, wie mir vor wenigen Tagen der ehem. Bürgermeister sagte: „Da kann man nichts machen!" Für mich hat dies etwas teufliches!

Es taucht immer wieder Material auf, das es wert ist, trotz Türkheimer Gemeinderat, wenigstens gesammelt zu werden. Andere Autoren, die vielleicht ähnlich denken wie ich, sind vielleicht einmal froh, dass es in dieser Reihe bereitgestellt wird.

Dieses Heft sei Hans Ruf gewidmet. Er war der eifrigste Erforscher der Geschichte von Türkheim. Er verbrachte viel Zeit im Staatsarchiv in Neuburg an der Donau. Er arbeitete in München. So ließ er sich Archivmaterial von Neuburg ins Staatsarchiv nach München schicken und verbrachte dort oft seinen Feierabende. Er gründete in Türkheim das Heimatmuseum. Soweit ich mich zurück erinnern kann, wurde er dabei nur von dem Kunstschmied Georg Baur unterstützt. Er rief auch die Türkheimer Heimatblätter ins

Leben, denn er wollte seine Forschungsergebnisse veröffentlicht sehen. Monatlich erschien ein Heimatblatt: Er schrieb es, Josef Natterer brachte einmal monatlich eine Schreibmaschine übers Wochenende zu ihm, seine Tochter Isolde tippte das Manuskript übers Wochenende, dann wurde es bei der Druckerei Obermeyer in Buchloe gedruckt, seine Frau und er trugen es aus und kassierten einen bescheidenen Betrag, der oft nicht einmal die Unkosten deckte.

Weiter forschte er Jahrzehnte lang über Türkheimer Künstler. Seine Forschungsergebnisse erschienen im Buch „Türkheimer Barock" beim Konrad-Verlag in Weißenhorn. Es ist heute noch ein Standardwerk der schwäbischen Kunstgeschichte. Die von ihm geschriebene Chronik von Türkheim wurde anscheinend im Rathaus entsorgt (vgl. Heimatschrift Nr 2). Hans Ruf war ein umgänglicher Mensch. Wenn er am Freitagabend aus München nach Türkheim kam, so führte ihn meist sein erster Weg ins Wirtshaus. Dort wollte er erfahren, was in Türkheim so los war.

In dieser Schrift finden sich unterschiedlichste Themen zur Geschichte von Türkheim: Das Hauptkapitel sind Auszüge aus den Kastenamtsrechnungen der Herrschaft Schwabegg von der herzoglichen Zeit Türkheims bis zum Ende des 18. Jahrhunderts. Besonders berücksichtigt wird hierbei die Bautätigkeit an „öffentlichen" Gebäuden, die Arbeit von Künstlern und Kunsthandwerkern und niedere Strafen. Hierbei handelt es sich hauptsächlich um Streitigkeiten, oft im berauschten Zustand, und uneheliche Schwängerungen. Zusammen mit meinen Veröffentlichungen aus den Türkheimer Kirchenrechnungen liegt eine recht detaillierte Quellenlage über das gesellscfhaftliche und vor allem das küstlerische und kunsthandwerkliche Leben in Türkheim zur Barockzeit vor.

Bei den Nebenkapiteln geht es um Zufallsfunde: Um ein Bild von Herzogin Mauritia Febronia, um den sel. Marco d'Aviano und um den Bergsteiger Alfred Drexel. Es werden aber auch religiöse Bräuche erzählt, gehört doch der Autor zur letzten Generation, bei welcher diese im häuslichen Leben noch selbstverständlich praktiziert wurden. Zufällig stieß der Autor auf eine Fotoserie zu Türkheim um 1900. Die Fotos sind zwar von schlechter Qualität, sie sollen hier nur daran erinnern, dass es sie gibt. Vielleicht macht sich jemand einmal die Mühe und bearbeitet sie.

**Inhalt**

Alfred Drexel 7

Marco d'Aviano 8

Mauritia Feberonia 11

Allianzwappen von Maximilian Philipp
und Mauritia Febronia 12

Türkheim und Umgebung (ein alter Plan) 15

Religiosität zu Hause – früher 16

Türkheim um 1900 19

Eine heitere Reimerei über Türkheim 25

Türkheim in der Barockzeit
Kastenamtsrechnungen 27

**Alfred Drexel**

Alfred Drexel, der Bergsteiger aus Türkheim, der am 8./9. Juni 1934 am Nanga Parbat starb, besuchte von 1911 bis 1918 das Studienseminar in Neuburg a.d. Donau. Dann studierte er an der TH in München Maschinenbau, machte 1924 sein Diplom und war nach seinem Referendariat ab 1927 Reichsbahnrat.

Quelle: Studienseminar Neuburg – Seine Geschichte von 1638 bis 2013, Regensburg 2013, S. 228

# Marco d'Aviano

Kupferstich, 29,3 x 34,2 cm, um 1680, Medaillons: Besessenenheilung, Krankenheilung, Kindersegnung, Blindenheilung
Lit.: Heiligenporträts - Graph. Kabinett Göttweig, Ausstellungskat. 1988, S. 117, 118

Schon 1681 weilte der Kapuziner Marcus aus Aviano (1631 – 1699) in Türkheim und es gab hier zahlreiche Wunderheilungen durch seinen Segen. Als Geschenk erbat sich damals Herzog Maximilian Philipp die Sandalen des von hl. Papst Johannes Paul II. selig gesprochenen Kapuziners. Mit diesen war er 2.500 Kilometer durch Europa gewandert. Sie befinden sich heute in der Kapuzinerkirche in Türkheim.[1] Herzog Maximilian Philipp, Inhaber der Herrschaft[2] Schwabegg und Administrator von Bayern, erließ die Verordnung, die Wunderberichte zu sammeln, welche sich aufgrund der Anwesenheit des Kapuziners Marco d'Aviano, der damals in München weilte, ereigneten

aus Walter Pötzl: Marcus d'Aviano - Sein Auftritt auf dem Fronhof am 17. und 18. November 1680, in: Jahrbuch für Augsburger Bistumsgeschichte, 2020, S. 115 – 167

*Als Maria Barbara Drexel, Ehefrau des herzoglichen Kastners Valentin Drexel hörte, dass Marco d'Aviano in München war, reiste sie dorthin. Auch eine Ambergerin tat das gleiche. Maria Barbara Drexel, „Haußfrau" des Türkheimer herzoglichen Verwalters, reiste am Fest Christi Himmelfahrt, den 30. Mai 1680 nach München um an der Benediction des Kapuziners zwischen 18 und 19 Uhr teilzunehmen. Sie hatte schon vier Wochen vor Pfingsten drei Tage lang Fieber bekommen und das blieb zwei Wochen lang. Als sie vom Herzog hörte, dass Marco in München ist begab sie sich mit ihrem Mann und ihrem einjährigen Kind nach München und nahm an Christi Himmelfahrt zwischen 18 und 19 Uhr an der Benediktion teil Auch das Kind war krank, Seit seiner Geburt hatte es ein gar schweres dickes Zünglein und konnte deshalb nicht gut sprechen.*

Nun war es nicht jedermann möglich, zum Seligen zu reisen. Deshalb bestand die Möglichkeit der Fernbenediktion. *Am 23. November 1680 erließ der Augsburger Bischof ein Dekret. In jeder Pfarrei der Diözese Augsburg musste verkündet werden, dass*

---

[1] Bemerkung: Die Sandalen, welche Marco d'Aviano in Türkheim trug, befinden sich heute in der Kapuzinerkirche in Türkheim und waren 2010 in Füssen ausgestellt. Vgl. Bayern – Italien Bayerische Landesausstellung 2010, Katalog, Veröffentlichung zur Bay. Geschichte und Kultur 58/2010, hg. vom Haus der Bay. Geschichte,, Nr. F 97 b, S. 176

[2] Pötzl schreibt hier nicht ganz richtig „Grafschaft" Schwabegg.

*der an den festen Andreas, Maria Empfängnis, Thomas, Geburt Christi, Stephan, Johannes, Silvester, Beschneidung (Neujahr) Dreikönig zwischen 9 und 10 Uhr acht Vater unser und acht Ave Maria betet, wahre Reue empfindet und noch weiteres verrichtet, der kann den Segen des seligen Kapuziners empfangen.*

Zwei weitere Fern-Benediktionen:

*Auf Einladung des Augsburger Fürstbischofs Johann Christoph von Freyberg (1665 – 1690) weilte der Kapuziner ab16. November 1680 in Augsburg*

*Der Türkheimer Jäger hatte Bauchgrimmen, „woraus ein Wind-Bruch".*

Die Fernsegnung

*Felicitas Freidling aus Wiedergeltingen hörte in Wiedergeltingen predigen, dass es auch die Möglichekit der Fernbenediktion gibt. „Sie vertraute festiglich, dass ihr durch solches Mittel möge geholfen werden, betetet zu der Stunde, da die genannte priesterliche Segnung gegeben wird mit demütigem Herzen die vorgeschriebenen Form mit angehängten 8 Vater unsern und 8 Ave Maria. Sie hatte schon ein halbes Jahr hochgeschwollene offene Schenkel und deshalb große Schmerzen. Alle Arzneimittel halfen nichts. Wenn ein Loch zugewachsen war, brach ein anderes auf. Sie empfing nun die Fernsegnung und sogleich stellte sich ein Nachlassen der Schmerzen ein und die Löcher in ihren Schenkeln wuchsen sukzessive zu.*

*Der bekannte Bildhauer Martin Beichel in Türkheim vernahm auch die Verkündigung der Möglichkeit der Fernsegnung.*

*Johann Gedler, Zimmermann in Amberg auch Fernbenediktion.*

# Mauritia Febronia

Mauritia Febronia, Bayerische Staatsgemäldesammlung, Inv.Nr. 3178 (Schloß Dachau)
Literatur: Pierre Rosenberg mit David Mandrella: Gesamtverzeichnis: Französische Gemälde des 17. und 18. Jahrhunderts in deutschen Sammlungen, o.O., o.Z., S. 226, 227

## Allianzwappen von Maximilian Philipp und Mauritia Febronia

Anastasius Vochetius: Thaumaturgus Eucharisticus Augustianis Vindelicis divino munere concessus ………, Augsburg, Andreas Aperger, 1637 (StStBi Augsburg)
In einem Exemplar dieses Buches findet sich das Ex libiris von Maximilian Philipp und Mauritia Febronia. Es wird auf 1670 datiert und beschrieben in: *Leiningen-Westerburg, Karl Emich Graf zu: "Fürstliche Exlibris", in Zeitschrift der Bücherzeichen – Bibliothekenkunde und Gelehrtengeschite. Organg des Ex-Libris-Vereins in Berlin, Jg. III, 1893, S. 62*

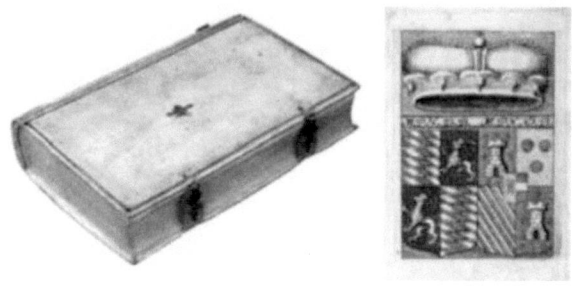

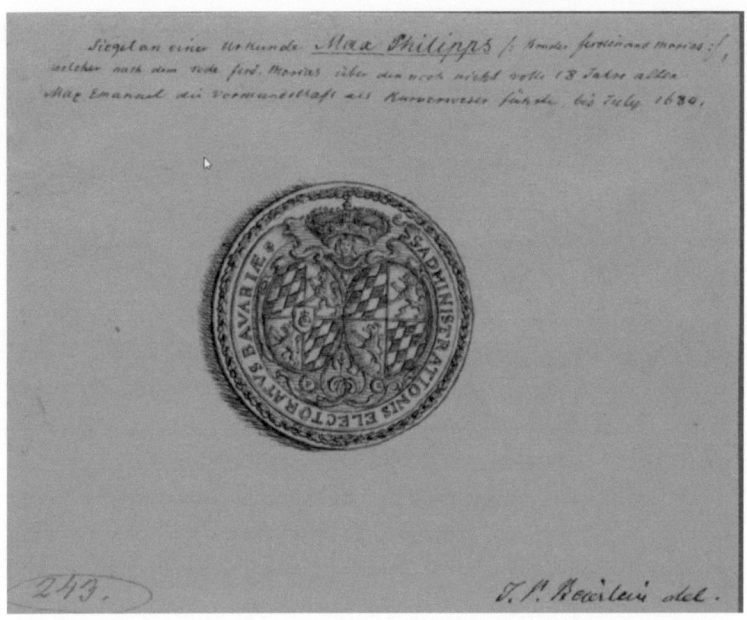

*Siegel an einer Urkunde Maximilian Philipps /: Bruder Ferdinand Marias :/ welcher nach dem Tod Ferdinand Marias über den noch nicht volle 18 Jahr alten Max Emanuel die Vormundschaft als Kurverweser führte bis July 1680*
Sigel von Maximilian Philipp als Administrator von Baiern
gezeichnet von Johann Peter Beierlein, Stadtarchiv München

Danck-schuldigstes
# ALLELVJA,

Dem
Durchleuchtigsten Fürsten vnd Herrn /
Herrn
## Maximilian Philipp /
In Ober: vnd Nidern Beyern / auch der
Obern Pfaltz-Hertzogen / Pfaltz-Grafen bey Rhein /
Land-Grafen zu Leuchtenberg / vnd Administratorn deß
Churfürstenthumbs Beyrn / rc.

Meinem gnädigsten Fürsten vnd Herrn /

Vnterthänigst angestimmet /
Vnd
An statt eines erfrewlichen Oster-Eyes /
gehorsambst übergeben
Von
**Sebastian Seelmann** / Poët. laur. &
Not. publ. Cæsar.

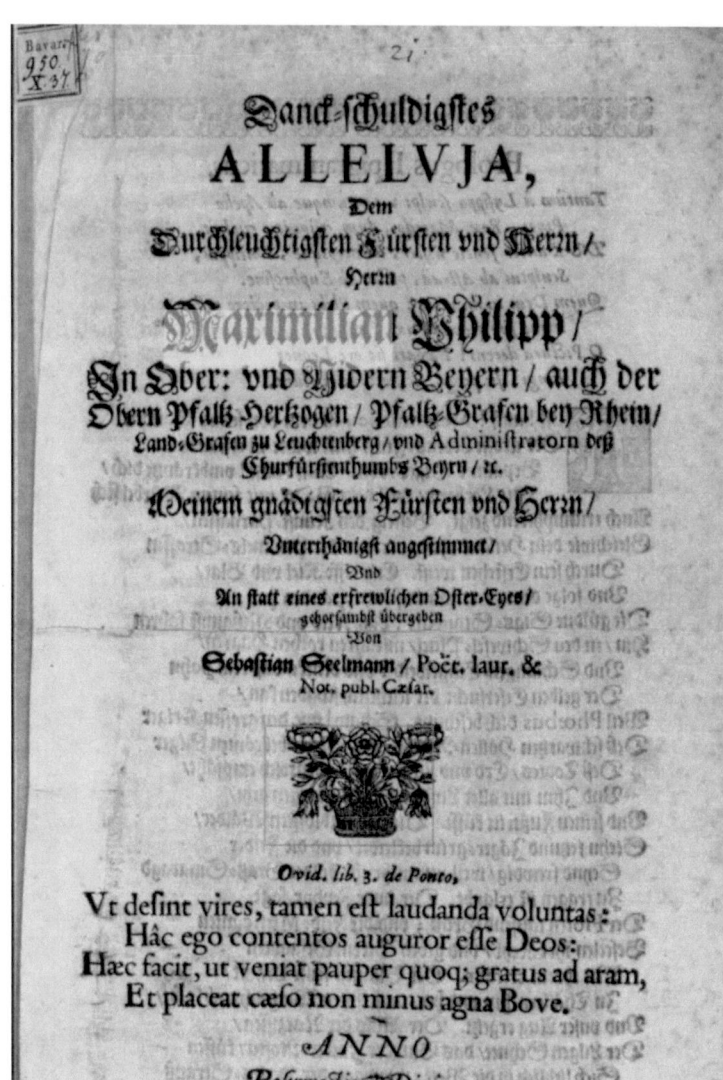

*Ovid. lib. 3. de Ponto,*

Vt desint vires, tamen est laudanda voluntas:
Hâc ego contentos auguror esse Deos:
Hæc facit, ut veniat pauper quoq; gratus ad aram,
Et placeat cæso non minus agna Bove.

ANNO
*Resurrectionis Divinæ,*
M. DC. LXXX.

Bayerische Staatsbibliothek München

## Türkheim und Umgebung – ein alter Plan

Den Plan stellte mir Manfred Leinsle aus Unterrammingen zur Verfügung.
Oben sieht man Türkheim (Dürckheim) und, rechts davon, das *Zollhaus* (Unterirsingen). Unten reichen sich die Orte Unterrammingen, Oberrammingen, *Khirchdorf* und *Werishofen* aneinander, verbunden durch den Wertbach (*Wesbach*), (unterhalb), zwischen Kirchdorf und Wörishofen ist noch Droschhausen erwähnt.
Zwischen Zollhaus und Kirchdorf läuft *die Straß zu Landtsperg*, die Salzstraße. Auf halbem Weg steht: *Die Gruben darin die … begraben liegen.* Und nördlich davon: *Das Urngraab ist .. von der straß nach Landsperg 15° schrieb / von einem Grab zu dem andern ist 100 Schritt*

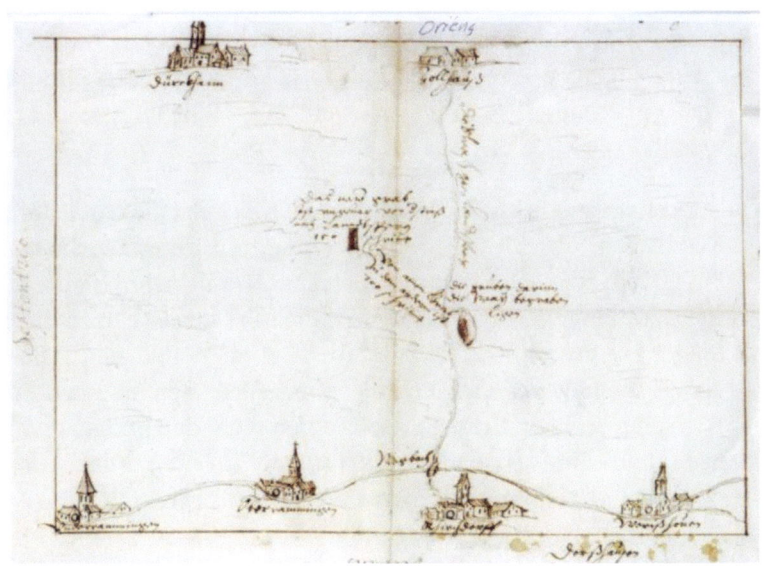

## Religiosität zu Hause – früher

Als Kind spielte ich bei schönem Wetter oft im Freien, meistens auf der Straße, denn es fuhren nur wenige Autos in der Frühlingstraße. Das Spielen konnte recht intensiv sein und man vergas leicht die Zeit. Wenn aber am Abend um 18 Uhr "das Gebet" läutete, dann rannten wir schnell ins Haus. Noch vor das Läuten aus war, wurde der „Engel des Herrn" gebetet. An die drei „Ave Marias" schloss sich ein „Vater unser" und ein „Ave Maria" „für die armen Seelen im Fegfeuer" an.

Vor dem Mittagessen standen wir um den Tisch, vor dem Kreuz, welches im Herrgottswinkel hing, und beteten das Tischgebet. Nach dem Esssen betete man dann den „Engel des Herrn" und für die „armen Seelen im Fegefeuer".

Nach dem Abendessen – Milch und Kartoffel, denn man musste Kartoffel ja als Hühnerfutter sowieso kochen – wurde die Heiligenlegende vom Tage vorgelesen. Für uns Kinder war es schauerlich, wie grausam die Heiligen gemartert wurden.

Dann kamen wir Kinder ins Bett. Die Oma gab einem aus dem Kesselchen, welches bei der Türe hing, mit der befeuchteten Finger ein Kreuzzeichen auf die Stirn. Dann nahm sie noch mit dem Finger einen Tropfen Weihwasser und schlenzte den Finger, so dass der Weihwassertropfen zu Boden fiel. Dabei gedachte sie jeweils an einen Verstorbenen, den sie noch im Fegefeuer wähnte. Erreicht der Tropfen nicht den Boden, dann bedeutete dies, dass der Verstorbene im Fegefeuer noch dringend der Labung durch das Weihwasser benötigte.

Auch wenn wir Kinder das Haus verließen, um zur Frühmesse und anschließend zur Schule zu gehen, machte uns die Oma oder die Mutter mit dem Weihwasser ein Kreuzchen auf die Stirne.

Als ich noch arg klein war, ging ich noch nicht auf der Fronleichnasprozession mit. Damals schaute ich zu, wenn man in aller Herrgotts Früh aufstand, im Garten Gras mähte und es auf die Straße streute, so dass der Priester mit der Monstranz darüber gehen konnte, wenn man den Fahnen hinaus hängte, an die Fenster rote Tücher anbrachte, in das große Fenster eine Herz-Jesu-Figur stellte und die Maien an den Zaun band. Wenn dann die Prozession mit dem Allerheiligsten unter dem Himmel an unserem Haus vorbei zog, so kniete ich am Straßenrand vor unserem Haus.

Wenn jemand in der Familie starb, dann betete man bis zur Beerdigung täglich am Abend einen Rosenkranz in der Pfarrkirche. War der Verstorbene in der Corpus-Christi-Bruderschaft, so wurde auch am Abend des Beerdigungstage in der Pfarrkirche gebetet, samt dem Psalm: Aus der Tiefe rufe ich Herr zu dir. Danach wurde noch täglich, nach der Stallarbeit, der Rosenkranz in der Stuben des Verstorbenen gebetet. Hierzu versammelte sich nicht nur die Familie des Verstorbenen, sondern auch Nachbarn kamen, um mitzubeten. Dies tat man 30 Abende lang. Nach dem letzten Rosenkranz tranken alle Beter noch eine Flasche Wein.

Nach Dreikönig kam ein Kapuziner ins Haus. Er bedankte sich für die Gaben, welche man unterm Jahr den Kapuzinern geschenkt hatte und zog dann mit dem Weihwasser und dem Weihrauchfass durch das Haus.

Am Heiligen Abend wurde das Weihnachtsevangelium vorgelesen, dann Weihnachtslieder gesungen und dann erst wurde beschert und gegessen. Es gab immer Geshwollene Würste. Das erinnerte daran, dass der Abend eigentlich noch zur Fastenzeit gehört. Die Festzeit begann erst mit der Christmette um Mitternacht in der Pfarrkirche. Zuvor hielt der Pfarrer eine Prozession vom Hochaltar zur Krippe. So Anfang der 1960er Jahre wurde das Weihnachtsevangelium auch auf italienisch und spanisch vorgetragen. Die Mette hielt unser Pfarrer immer als „stumme Messe". Von Volk sang ein Weihnachtslied nach dem andern.

Bevor wir früher ein Brot anschnitten wurde, machte man auf den Boden des Brotes mit dem Messer drei Kreuze in Erinnerung, dass uns Gott unser tägliches Brot gibt.

**Türkheim um 1900**

Die Kurgäste in Wörishofen wollten auch die Umgebung von Wörishofen erkunden und kennenlernen.

Im Kneippkalender 1900 wird eine Bilderfolge von Türkheim gebracht. Es sind die frühesten Fotos von Türkheim.

Marienplatz in Türkheim.
Nach einer Photographie von Ott. Denzel

Ganz rechts erkennt man noch ein zur Hauptstraße giebelständiges Haus. Das folgend Haus Bader teilte sich in zwei Hälften: In der rechten Hälfte war im EG eine Weinstube untergebracht, in der linken Hälfte ein Warenhaus. Sechs Rosse stehen vor dem Haus. Sie werden gleich eingespannt, um den russischen Fürsten Barjatinsi nach Wörishofen zu fahren. Dieser war nämlich hier untergebracht und wenn man genau hinschaut, so sieht man aus der Dachgaube beim Bader den Leibkoch des Fürsten herausschauen. Die Kirchenmauer stand um den Kirchenfriehof und das Portal hatte noch Fensterläden

Krankenhaus, Mädchenschule und ganz rechs der Turm der Kapuzinerkirche. Links sieht man die heutige Wörishoferstraße mit nur zwei Häusern.

**Thor und Kloster in Türkheim.**
Nach einer Photographie von Ottm. Denzel in Schwabmünchen

Das Haus Holzmann links von der Loretokapelle. Eine Droschke fährt auf das Ludwigstor zu. Das Bächle fließt noch an der Herrenstraße entlang. Beim Lamdherr fehlt noch der der Anbau. Stattdessen ziert das Grundstück ein Gärtlein.

Inneres der Pfarrkirche in Türkheim.
Nach einer Photographie von Otto Denzel in Schwabmünchen.

Inneres der Kapuzinerkirche in Türkheim.

Koloſſal-Chriſtus in Türkheim.
(Chriſtus-Corpus drei Meter lang, Kreuz neun Meter hoch.)

Der neu angelegte Gemeindefriedhof an der Frühlingstr.

Großes und kleines Schloß, jetzt Amtsgebäude, früher herzogliche Residenz in Türkheim.
Nach einer Photographie von Ott. Denzel.

**Eine heitere Reimerei über Türkheim**

Im Jahre 1913 erschien das Büchlein UNSER WÖRISHOFEN – Eigne heitere Reimerei von Georg Mader beim Verlag von J. Wagner & Co, Buch- und Verlagsdruckerei, Kurort Wörishofen, Kurpromenade. Hier wird auch Türkheim wie folgt gereimt:

*Wem es gefällt, benütz' die Bahn*
*Und sehe sich Markt Türkheim an!*
*Du siehst da einen hübschen Flecken*
*Sich auf der Eb'ne lang erstrecken.*
*Des Ludwig Aurbachers Wohnhaus*
*Kommt sicher dir dabei nicht aus.*
*Kehrst du dann in der Krone zu,*
*Betracht' den Glasschrank dort mit Ruh!*
*Man sieht in zierlichem Modell*
*Die Mittel des Verkehrs zur Stell'*
*Bei kühlem Krug, gefülltem Teller,*
*Beschau' die Ansicht dann vom Keller!*
*Nach Ettringen und nach Markt Wald*
*Geht auch das „Staudenbähnle" bald.*
*So findet man vor Wörishofen*
*Ein neues Waldgebiet dann offen.*
*Wen int'ressiert Ökonomie,*
*Der sieht im „Zollhaus" schönes Vieh.*
*Es war das eine wicht'ge Stätt,*
*Hart an der Wertach tiefem Bett.*
*Denn einst zog sich der Frachtverkehr*
*Von München, Salzburg, Wien hieher.*
*Da fuhren sie mit Sechsgespann*
*Mit Peitschen dann zum „Zoll" heran.*
*Dorf Wiedergeltingen nicht weit,*
*Wen stete Wanderschaft erfreut.*

*Ein Kreuz in kühlen Laubkapellen*
*Ließ hier das Volksgemüt erstellen.*
*Die Kellerwirtschaft hoch am Bühl*
*Dient manchem Wanderer als Ziel.*
*Nun geht's nach Irsingen, Stockheim*
*Und über Schlingen kehrt man heim*

## Türkheim in der Barockzeit
## Kastenamtsrechnungen der Herrschaft Schwabegg
StAA Kurbay. Herrschaften 625

Die Kastenamtsrechnungen sind eine Fundgrube zur Geschichte von Türkheim. Hier sollen Auszüge aus der Barockzeit veröffentlicht werden, insoweit dies nicht schon von Thomas Ackermann, Türkheim, geschah.

### 1674
Eodem die dem **Khistler dahie Matheis Herle** von underschidlich gemachter arbeith ins Schloß...
von Kalchprenner Melchior Mayr...
den 18. dito dem gloggen giesser umb ein glockhen die schlossporten von 2. Pfund schwer 1 fl
den 21. dito dem **Schuelmaister** von fernten gemachten Stöckh ..

### 1675
Weillen an dem orth des Bachstübls ein eingefallener Keller gestandten, seindt alle Stein herausgethan, und das Loch wider eingefillet und sofort das Gepeend von neuem erhoben und eingedeckht, auch der Bachofen ganz neuend darzu aufgerichtet wordten, daran wie auch an der darneben gepaueten HandtsCamer
Vorher anbevolchner massen werden die **schwengerungs straffen** solang dem alhiesigen Unser Lieben Frauen Gottshaus yberlassen, biß der Uncosten yber den Neuen altar erloffen abgerichtet sein würdt, dahero die vorhero folio 21 und foli 22 von **Simon Knoll und Michael Hertrich**[3] empfangens 12 fl alda wider in ausgab zebringen.

---

[3] Vielleicht ein Mitarbeiter von Mathias Stiller, Stuckator in Ettringen

Wegen der KriegsUnsicherheit seind zu Türckhheimb 2 nachtwachter ufgestelt, und von der Gemain zwar besoldet, aber craft gdister: Resolution erlassen worden

1676
Dem **Herrn Prelathen zu Rottenbuech** umb 6300 alte stain von **guet Amberg** abgehandlet, das hundert a 26 x[4]
Weillen nit fündtig, ob ein geistlich etwas im **Pfarrhof** zum erpauen schuldig, so ist bishero den Paukosten alle von herschafftswegen hergeschossen und dies Jahr aber gleich ferthen ausgelegt worden Nichts

Vorher anbevolchenrmassen werden die **Schwangerungsstrafen** solang dem alhiesigen unser liebe frauen Gottshaus yberlassen, bis der uncosten so yber den neuen altar erlasen abgerichtet sein würdt. Weillen aber an dergleichen heur wie hievor nichts gefallen, so ist auch hieher abzuschreiben Nichts

Wegen der Kriegs Unsicherheit seint zu Türkheimb 2 nachwachten ufgestelt.
Ihro Hochfüstl. Drl: unser gdis Herr pp [Maximilian Philipp] seint dis iahr den 27. Juny tag hin nach Haltenberg abgerais, dazumahl all denen underthannen, die Cammergüetten und andere pagage hinyber geführt, uf 18 fuehren geb, jede fuehr 1 x   4 fl 30 x
Andreas Mayr hat vorher 28 täg die wacht beim Schloß gehalten

---

[4] Der Kirchensatz von Amberg gehörte zeitweise dem Kloster Rottenbuch. Das Amberger Gut war das abgebrochene Schloß in Amberg- Vgl- Alois Epple: Amberg – Anmerkungen zur Geschichte eines schwäbischen Dorfes, Norderstedt 2022, S. 22

Als Ihro Hochfürstl. Drl: den 22. aug. wider anhero kommen 3 fuehren von Scheyring [Scheuring] so Cammerguetter geführt...

Nachdem darauf die Sollemnitet mit dem Heyligen Particule, so die intificirte KürchenRäuber in ihren degen verporgen gehabt,

gehalten seint 4 fuehren uf Mündlheimb umb Figuren, Kirchenzird, und 2 absonderliche Pothen umb das Regal geschickht: ...

auf Mündlich gdste anschaffung denen **Musicanten** und einem Trompeter zur verehrung geben 21 fl

Dem **Schuelmaister** vom mörckhen....

1677
Vorhero anbevolchener massen werden **die Schwängerungs Straffen** solang hiesigem Unser Lieben Frauen Gottshaus yberlassen, bis der Uncosten, so yber den Neuen altar erloffen, abgerichtet sein würdet dahero werden die vorhero..

Ihro hochfrl. drl: seint underm 9 octl [Oktober] widerumb nach Haltenberg abgerais und damals denen fuehren welche die Cammrguetter und andere pagage dahin yberbracht...

1678
Dann haben Iro Hochfürstl: Drtl: einen **seitten altar in die pfarrkürchen zu der dahin verehrten Heyl: Leinwath ufrichten lassen**[5], der hat in allem gecoset, vermög einer sondernbaren Verzaichnus 150 fl

Nitweniger haben Iro Hochfürstl: Drtl: den uncosten, welche uf die anrichtung eines fürstl: **oratory** uf der Sacristey in ermelterPfarrkürchen ergangen, zu bezahlen ybernohmen, das hat in allem costet 67 fl 26 x

---

[5] Linker Seitenaltar, hier befindet sich eine Kopie des Grabtuches von Turin.

Dann so haben Ihro Hochfürstl. Drtl: zu **amberg** an demienigen orth, wo die in **ao 1676 hingerichte Kürchenräuber die aus der Kürchen entfrembte Monstranz in ein gestreu versteckht , ein Bildsäulen aufrichtn** lassen, die hat vom Maurer costet sag 10 fl 1 x
Dem Mahler von der schrift unter das von München heraus gebrachte Gemähl[6] zumachen 48 x
Item als mann die Runde plätter in der Kürchen unter das gewölb ufgezogen 3 fl
Auf den neu aufgerichten **altar bey der heyl. leinwanth** ein neues Altar duech, dann ein Wandleuchter in die wandt machen zlassen hat costet 3 fl 40 x
Ihro Hochfürstl: Drt: haben verschiedene Statt[-ansichten] in Kupfer gestochen erkhauft, welche man uf duech aufziehen müessen für solches und des Buechbünders zu Mündlheimb muehewaltung bezalt 2 fl 30 x
Dem Bildthauer für Püxenschaft, Ladtsteckhen unnd einen Vogl zum Lerchen zu machen belohnt
**Hanns Jacob Geiger Küstler** daselbst hat in die SchlosCapeln einen neuen fues uf den altar darin ein Kestl zu dem Kelch und andern gerichtet ist, gemacht...
Carl Messerschmidt ist einmahl nach Leeder an Herrn Bischofen umb Vergünstun g ainer Bidltsaulen zu sezen...
Item tragerlohn vom pappengeyher [Papagei] unnd andern Vogln, so von hier nach Haltenberg gebracht worden...
Inhalt gdisten bevelchs Sub Nr. 102 bin ich Castner mit sambt dem Maurmaister[7], welcher auch beritten gemacht worden, wegen des Kürchenpaus dahier eylfertig nacher München citiert worden, deme auch schuldigiste volg beschehn unnd vom 29. Juli bis 4. Aug: mit Ros und Knecht verzöhrt worden 14 fl 36 x

---

[6] Es könnte sich um ein Gemälde von Johann Jakob Potma gehandelt haben,
[7] Es könnte sich hier um Johann Schmuzer handeln.

Nachdem die HH: Capuziner in der Rais nach Climach zu Hiltenfing gespeist: ist für wein, pier und fueter ausgelegt worden 3 fl 28 x

1679

Ihre Hochfürstl: Drtl: unser gdister Herr etc. haben dis Jahr wiederumben das halbe öehl zur unterhaltung des ewigen Liechts vor dem Hochwürdig guet in der Pfarrkürchen bezahlten lassen...10 fl 45 x

Nachdem Iro Hochfürstl: drtl: unser gdister Herr etc. wegen obgehebter Administration diss jahr nicht [von München nach Türkheim] heraus khommen

Vermög dreyer zetln nach München umb gips yber macht der zu den Thör einfassungen verbraucht worden  33 fl 38 x

Nacher Füessen ins **Closter zu St. Mangen u**mb dergleichen gips bezalt 11 fl 20 x[8]

Mehr von den nach **Hiltenfingen**[9] **geführten gips** [zum Kirchenbau] noch 19 Mezen dahie behalten, machen zu 20 x   6 fl 20 x

Nach völlig vollführtem pau ist etwas von gißarbeith verlezt befundten und wider reparirt worden, darfür dem gesöllen bezahlt 3 taglohn 1 fl 12 x

zu besagten Cammin im Tafel zimmer ist ein absonderliche grosse eisene platten damit der wärme in Ihrer Hochfürstl. drtl: unserer gdisten **frauen Zimmer**[10] gebracht werden khönne erkauft worden, die hat zu Augspurg costet laut zetls 9 fl

**Paulus Fux** hat neben dem hiesigen Küstler **Mattheis Hörele** ein alte deckhen, unnd ein hülzerne wandt mit gdister erlaubnus aus dem Schloss ins **Ambthaus** transferirt unnd eingericht...

---

[8] Üblicherweise bezog das Kastenamt Gips aus Hohenschwangau, da diese Herrschaft dem Herzog gehörte.
[9] Auch Hiltenfingen gehörte zur Herrschaft Schwabegg
[10] Kleines Schloß in Türkheim.

Auf das **Neuerhandlete Ambthaus**…..

1680

**Veit Blasy** Maurermaister zu Mazsiess et cons: haben uf dem untern Saal im Schloss eine Neuen Cammer aufgefüehrt unnd einen neuen ofen Fueß gemacht….6 fl

**Simon Schwaiger Mahler in Widergeltingen** seinen Verdienst, so er ein Schloss mit unterschidlichen mahlen verdient …13 fl

Ausgab an geld, auf die Neu erpaute **St: Benonis Capeln**
Auf vorhero beschechenen gdist. münlichen anbevelchen, das mann ausserhalb dem dorff alhier, alwo mann nacher mazies raist eine **Capeln St: Benonis** zu Ehren erpauen: unnd sowohl die pau materialia als handtwerckhs leuth, unnd tagwerkher von denen Schwabeggl: ambtsmitl bestreitten solle, deswegen von Adam Mayr Kalchprenner alhier 1150. Mezen Kalch beygetrachtet, unnd deme für ieden Mezen a 10 x in allem aber besag scheins zalt worden 47 fl 55 x

Vom Pflegambt **Wörishofen** seindt 9200 Maurstein erkhauft und hierumben wie beygehenter zetl weist, ausgelegt worden 61 fl 20 x

**Thoma Berr Maurer** verdient mit Kalch ablöschen, vor unnd nach Michaelj laut seines scheins 2 fl 8 x

**Georg Zöpf et Cons:** verdienen wie bey gehenter zetl zaigt, von disr Capeln [Benno Kapelle] ausm grundt aufzumaurn, denen besagten verdienst zalt worden mit 66 fl 30 x

Vor 3 Vass gipps dem **gottshaus zu Ettringen** erstattet a 8 fl 24 fl

Nach **füessen** umb 4 Vass gipps sambt den uncosten unnd fuehrlohn zalt 32 fl 50 x

von den grundte zegraben denen tagwerckhern ihren Verdienst erstattet mit 1 fl 30 x

dem Bildthauer vor dem stein in grundt zalt 20 x
Item für das Blat in grundtstein zalt 1 fl 16 x
denen Maurern und zimmerleuthen zu ein unnd ausstandt zuerthrinckhen angeschaft 3 fl
vor 65 fueder Sandt zu werfen ausgelegt a 2 x  2 fl 10 x
denen Handtlangern unnd wasser zu tragen ihre taglöhner zalt 4 fl 25 x
denen tagwerchern welche den Urpau ausgepauet, lauth zetl zalt 1 fl 52 x 4 hl
**Hanns Jennerwein, Hanns Laub et Cons:** haben das zu dieser [**Benno Kapelle**] Capeln vonnöthen gehabtes pauholz ausghaut, den dachstuell abgebundten unnd aufgerichtet, darbey haben sie zimmerleuth nachsag beiligenter Bescheinung verdient  46 fl 10 x
Der Eisenhandlerin in **Landtsperg** Christina Kimacherin it umb bedürftiges Eisen unnd Nägl nach inhalt ihrer Bescheinung guetgemacht worden 40 fl
zur Eindeckhung des Dachs uf diser capelen seindt durch Jacob Erdthallern schindlmacher, alhier zu Türckheimb 24500 aychene Schindlen gemacht unnd ihme zalt worden von iedem tausent 1 fl 30 x nach inhatl scheins 36 fl 45 x
Matheis ohrnschmalz Burger unnd Naglschmidt in **Mündlheimb** seindt vor bedürftige Scharnägl unnd and. lauth zweiyer Bescheinung bezahlt worden 24 fl 7 x
Balthasar Redt glaser zu **Conradtshofen** bescheint durch die beylag seinen Verdienst an diesn zu Capeln gehörigen neuen Fesntern...23 fl
**Gabriel Egerer** Küstler zu **Mazsiess** hat mit machung der khürchenthür verdienst...4 fl
für den knöpf und Stüftl auch fähnlein ...5 fl 48 x
für das Creuz auf disr Capeln ausgelgt 3 fl
umb farben zu ansteichung des Dachs auf diser Capeln zalt 6 fl 15 x

Hannsen dreher alhier umb 55 pfundt Leinöel zum dachwerckh ...8 fl 47 ¼ x
Hanns Wilhelmb Müllern zu Mazsiess vor 112 pfundt leinöell...1 fl 12 x
Jacob Seethallern, Martin Reisachern et Cons: von Deckhung diesr Capelln ....15 fl 45 x
Martin zinckhen zu Irsingen umb 30 rißbretter zu 4 x ...2 fl
dem Spängler zu Landtsperg seine gemachte arbeith, sambt dem potten der es abgeholt...1 fl 20 x
**Chrisostin Zöpf** et Consortes von ausgipsung diser Capeln verdienen...65 fl 48 x
von Hackhung der raiss zum gipsen 30 x
Hannsen Bauer Schmidt alhier, seine arbeith an diser Capellen ...14 fl 8 x
**Hanns Merckh**[11] von den Rohren[12] zur Capelen zurichten 3 fl
für das Beschläg dem Schlosser zu Schongau ...16 fl 20 x
seinen gesellen vom anschlagen zalt 42 x
**Gabriel Egerer** Küstler erscheint durch die beylag vor 2 neue creuzstöckh zu machen 2 fl
Christoph Feichtner glaser zu Mündlheimb ybergibt einen zetl was er mit glasen in diser Capeln verdient...9 fl 25 x
zur auspflästerung diser Capelen sindt vor 835 pflasterpalten aine umb 4 x ausgelegt worden, so in der zieglrechnung ao 1681 ...55 fl 40 x
**Martin Peyhl** Bildthauer alhier hat den altar unnd etliche bild gemacht, dem ist ufhenöriges accordieren ...70 fl
dessen gesellen Trankhgeldt 30 x
denen Maurern **georgen Baader** et cons: von verfertigung dieser Capelen unnd auffüehrung des thurms und Sacristry...56 fl 12 x

---

[11] Wessobrunner Stuckator
[12] Wahrscheinlich ist hier das Schilf gemeint, welches man zum Gipsen bzw. Stuckieren an der Decke bzw. Wand beschäftigte.

zu soolch lezt verfertigter Maurer arbeith hat mann noch mehr Kalch vonnöthen gehabt unnd wie mitgehenter schein weist, ist umb 520 mezen zu 10 x aufgelgt worden 21 fl
unnd für noch nothwendtige 30 fuer Sanndt...1 fl
denen Tagwerckhern bey zurichtung der Sacristey unnd ausführung des Thurms und in andere weeg bey völliger erpauung dieser Capell mit Handtlang verdient...46 fl 52 x 4 hl
**Hannsen Jennerwein** et consortes den glockhen stuell in den Thurm gmacht und eingericht die Rasten und latten aufgenaglet ...6 fl 20 x
**Hanns Laub** zimmermaister eet Consortes verdient ..von ausschlagung aychen zum thuem unf diser Capeln worunter auch etliche Taglohn im Schloss unnd Hofgartten begriffen...5 fl
**Simon Schwaiger Mahler zu widergeltingen** von Fassung des ganzen altars unnd **mahlung [oder Machung] der Bildtnus St: Benonis** und solchen ganz zu vergolden ...45 fl
seinen Jung trunckhgeldt geben 30 x
vor ein Golckhen in dise Capeln dem glockhengiesser zu München ...20 fl
Dem Sayler vor ein glockhensayl ...20 x
Georgen Schäffl umb zum thurm vonnethen gehabt 12 pretter 1 fl
bey einsegung s: **Benonis Bildnuns hat bildhauer** und andere verzöhrt 20 x

1681
Auf die ankhunft R:P: **Marcj de Aviano** noch mehrere Anstalt zuepöthern, erstlich umb 12 ½ eln grüener Leinwanth zue Himlen und 6 eln würches duech zu einem strohsackh 3 fl 10 x
wider umb 30 ½ eln werckes duech zu strohsäckhen 5 fl 20 x
abermahl umb 7 Eln Leinwanth 1 fl 24 x
Auf die ankhunft des Gottseel: P. **Marcj de Aviano** zwey neue pürnpäummenpötstädl [Betten aus Birnbaumholz]machen

lasen, sambt einen dergleich pettstuel darfür ist dem **Martin Peyhl pildthauer** dahier zahlt worden sag Nr: 10 fl
**vorbemelten Bildthauer** umb andere ein schlichte arbeith ins Schloss bezahlat sag Nr 59: 1 fl 6 x
Den hiesigen **Küstler Mattheis Herle** und **Mattheis Salezer von Irrsingen** das Taglohn (für Arbeiten beim Schloss)
Thoma Hagger ist weegen ankhunft des Gottseel. **P. Marcj** ..weegen eines Mauermaisters und des französl: Menschen so ins Spythall geschickt worden....
Gemelter gottseel: **P. Marcj** halber3 mal an alle Geistliche in der Grafschaft Schwabegg und die Herrschaft einen potten herumb geschickht...Item deswegen 2 mal uf **Kempten** geschickt,...
Der gipsmaister **Hanns Schmuzer** ist heuer unterschidlich mahl anherr beruefen und yber die Schloß= und andere gepäud vernohmen worden, für den hat man ausser andere vergeltung die zöhrung zahlt mit 3 fl 27 x

1682:
Nichtweniger seindt auch **Mattheis Hauer** was von Stockheimb vor 74 pretter...zalt worden 5 fl 33 x
Die Küstler **Mattheis Hörele et Consortes** verificirn mit zweyen scheinen ihr im Schloß gemachte arbeit 121 fl 7 x
**Mattheis Herele** Küstler alhier ybergibt noch einen Zetl, was er mit seinen Consorten an unterschidlicher arbeith im Schloss alhier unnd zu **Mazsies** gearbeithet unnd verdient hat...28 fl 23 x
Von **Martin Schnatterer zu Irrsingen**, dann vom Müller zu **Frankhenhofen** seindt zu denen Herrschaft: gepäuen Unerschidliche pretter halb Beden unnd Latten erkhaufft....50 fl 20 x
Denen tagwerckhern von auf und abladung der Mauerstein zur **Laurethanischen Capeln** ...5 fl 36 x

1683
**Mattheis Herle, und Mattheis Fux** beede Küstler alhir verdienen an underschidlich: verrichten Arbeith in denen Zimmern im Schloss. und SchlossCapelen, dann im Nözstadl wie hiebey gehente drey Zetl weisen 91 fl 51 x
Nichtanders ist auch **Christoph borth** Küstler in Münchelheimb vor gemachte Creuzstöckh und eine thür...33 fl 45 x
Die beede **Khüstler Mattheis unnd Hans Herele** ybergeben noch....verrichte arbeith im Schoss von Jacobi bis Michaeli 16 fl 14 x
**Georgen Luz von Stockach** [Stockheim]vor 1 ½ zöhlige Falzprötter dann Gemaine auch vor zwey **Flös** besag Zweyer schein zahlt 50 fl 53 x
Boten bezahlt wegen Loretokapelle 1 fl

1684
**Lorenz Witsch** Küstler alhier verdiennt ...im Schloß, an unterschiedlichen arbeith...24 fl 57 x
**Hanns Hörele** Küstler alhier bescheint...wegen verrichter Arbeith im Schloss ...17 fl 26 x 4 hl
**Gabriel Egerer Küstler zu Mazies**, hat ebenfahls im alhiesigen Schloß gearbeithet ...12 fl 48 x
Thoma Hagger ist weegen der **Capeln Weyh** uf Augspurg geschickht... 1 fl
ihme [Georgen Berchtoldt] nacher **ochsenhausen** umb die Laurethanische Capeln Riss geschickht

1685
**Martin Peyhl Bildhauer** alhier, erkhauft 1 ½ Juchart ackhers aus dem Thobias güetl pr: 18 fl
Dem Schuelmaister zu **Hiltenfingen** für die armen Khünder Schuelgeldt...10 fl 18 x
Dem Schuelmaister zu **Ettringen** ... 1 fl 36 x

Dem Schuelmaister in **Türckheimb** ingleichen für die arme Khünder 5 fl
**Lorenz Witsch** Küstler alhier verdient mit machung einiger Däfer, Creuzstöckh und andern ...59 fl 52 x
**Lorenz Witch** Küstler alhier bescheint durch die Beylag, seinen Verdienst, so er die iahr mit Unterschidlich verrichter arbeith in ein unnd andern zimmer im Schloss verdient...18 fl 2 k
Sebastian Baurer Schmidt alhier hat das benöthigte Eisen zum Fenster gätter undanderes hergeben

1686
**Lorenz Witsch** Khüstler alhir verdient nach Inhalt zweyer Schein im Schloss in unterschidlichen Zimmern so ihme zalt worden 12 fl 4 x
Weitters verdient er **Witsch** an denen Thören....
In **St: Leonhardts Capellen**[13] ist durch den **mahler zu widergeltingen** der altar gefast unnd derentwillen seinen verdienst accordiertermassen sag Scheins zalt 46 fl 20 x

1687
**Hanns Berckhmüller** Küstler alhier verdient ingleichen wegen unterschidlich verrichter arbeith in denen zimmern im Schloss...48 fl

1688
**Lorenz Witsch** Küstler alhier verdient sag scheins dis iahr im Schloss..18 fl
Weitters ybergibt **Er Witsch** einen Zetl, so er nit allein im Schloß, sondern auch im Hofgarten verdient 7 fl 56 x

1689

---

[13] Alois Epple: Die Leonhardkapelle in Türkheim, Türkheim 2015

Denen **P:P: Capucinern** alhier werden wochentlich von denen gdist angeschafften 6 Heyl: Messen, deren Sie am Mitwoch 2 bey **St: Benno** am Freytag 2 in der Pfarr bey der Heyl: Leinwath unnd am Sambstag 2 der Laurethanischen Capeln nach Hochfürstl: gdister intention zu lesen schuldig sindt.
**Dem Schulmaister zu Türckheimb** vor die arme Khünder Schuelgelt entrichtet. 3 fl 28 x
**Lorenz Witsch Prunnenmaister** alhier, hat weegen beobachtung des prunnen wassers so von **Widergeltingen** yber die Wertach in deichln anhero ins Schloss geführt wurd sind besondung erhalten
**Lorenz Witsch** verdient an denen gumppern im Schloss, Spythall unnd andern 6 fl 14 x
**Lorenz Witsch** Küstler alhier sein unterschidlich ins Schloss gemachte arbeith bezalt 19 fl
In der Castenambts wohnung hat obgemelter Küstler **Lorenz Witsch** wegen unterschlagung der obern stuben, verdient 8 fl 30 x
Nach inhalt der beylag hat mehr besagter **Witsch** wegen machen eines Badtstübls unnd anderen, im alhiesig hochfürstl: **Spythall** verdient 1 fl 44 x

1690
Denen zweyen armseeligen mit abscheylichen fuchten behaften Scherestenven im Leerhäusl alda ist zue einem allmosen uf korn oder meel angenambt worden 3 fl
Des Matheüß Hartmans armseeligen weib uf vorgehente anschaffung quatemerliches almosen...
Dem **Lorenz Witsch kistler** die obsicht des wasserwerckhs, warvon er des Jahrs 30 fl neben den seines orths in ausgab geschreibenen Roggen unnd Holz genossen....
**Hans Perckhmüller** gemacht, auch der **Lorenz Witsch** anheur zehen solche doppelt eingefaste unnd zu beeden Seithen

furnirte thiern, ohne die fuetter verförttiget, für deren iede sit ihm zalt worden 6 fl 45 x    61 fl 30 x

Ihme **Witschen e**inen andern zetl, was er ins Schloß gemacht zalt mit 6 fl 46 x

Dessen brueder **Andrea Perckhmüller** küstler umb einen neuen fuetter Casten, unter die wagen schupfen, einen mehlcasten, und anders sag zweyen zechen 10 fl 48 x

(Pfarrhof wird Renoviert und Zehentstadel, herzogl. Zuschuss von 25 fl)

Von denen zu **aller Christgläubigen seelen bruderschafft in Türkheimb** erkaufften mädern, unnd Veldtguettern kombt in abgang als erstens ab 6 tagwerck Lehenmäder in Neubach

1691

Sag anderartig gdisten Bevelchs würdet georg Knoll alhie weegen mit Maria heinzin gepflogener **unehlicher Schwängerung** sambt ihr gestraft 20 fl

Unnd der Wörth [Wirt] **Hans Kayser**[14] bey dem das Mensch gedient, der Comminenz halber 3 fl

…ist Hannsen Jennerwein unnd Thoma Seelosens Tochter dahie die weegen unehelichen zesamb pöthens ohne bekhante Leichtfertigkheit angesezt geweste schandtstraff, das Sie vor die Kürchen gestellt werden solle, uf unterthenigistes anhalten in 12 fl. an geld unnd ermelten Seelesen, das er sie beede in pöth ligent angetroffen, unnd still schweigent vorbey gangen, 3 fl zu straff zu bezahlen

1692

dies iahr ist auf beschehen gdist Mündliches anbevelchen noch ein stockh ans Schloß worin der Leibmedicus und Schloßpfleger Ihre Wohnungen haben, gepauet worden, zu

---

[14] Wirt in der Oberen Taferne in Türkheim.

deme hat **Mattheiß Paulus** et Consortes das bedürftige pauholz geschlagen.....
**Matheis Stüller** Maurermaister hat neben seinen gesellen disen pau aufgeführt ..412 fl
**Johannes Bergmühler** Küstler verdient mit unterschidlich verrichter arbeit an dism pau 30 fl
**Lorenz Witsch** Küstler ybergibt ingleichen einen Zetl so er sowohl in dises als andere gepauen verdient uf 26 fl
Nichtweniger ybergibt **Andree Bergmühler** auch Küstler alhir einen zetls, was er bey diesem pau verdient 29 fl
Hievor bemelter **andree Bergmühler** Küstler ybergibt noch zween zetl, was er dis iahr mit verrichter unterschidlicher arbeit im Schloß verdient hat...15 fl
Man hat auch seinem Bruder **Hannsen Bergmühler** einen zetl: so er mit verrichter Küstlerarbeit im Schloß verdient, zahlt 18 fl
**Lorenz ‚Witsch** dritte Küstler dahie ist ebenfahls weegen verrichter arbeit sein hieney gehenter zetl bezahlt worden, mit 7 fl
**Simon Schwaiger** Mahler zu **widergeltingen** bescheint weegen Marmorierung des Camins in unser gdisten Frauen zimmer[15] neben einen gemahlten Fruchtgheng 1 fl 45 x
**Sebastian ostler Maurer** verdient mit seinen gesellen in dem Neupau, Kufkuchl, Mezg, und Hennenstuben sag der beylag 11 fl 18 x
**Lorenz Witsch** Küstler dahie verdient in dieser wohnung, mit machung fesnterstöckh, thür gerichter, bänckh unnd anderes 4 fl 54 x

1693
Marthin Menner unnd Elisabeth Füxin beede dahie seind ingleichen weegen **unehelicher Schwängerung** die sich doch

---

[15] Kleines Schloß in Türkheim

hernach durch würckhliche Ehelichung verbessert gestraft worden iedes pr.: 8 fl

Hanns Bauckh dahie zu Türckheimb ist umb weillen er Hannsen Hindelang alda etliche Maulscheln gegeben, dieweilen selbiger ihme yber einen besämbten Veesen ackher gefahren, gestraft worden 1 fl

**Johannes Berggmüller** Küstler dahie ybergibt einen Schein, so er in Neuen pau[16] mit ausdeferung der zimmer unnd bey den schneckhen verdient uf 13 fl 56 x

Mehr verdient besagter **Bergmühler** mit unterschidlich Verrichter Küstler arbeit im Schloß 24 fl

Verdient nichtweniger sein Bruder **Andree Bergmüller** auch Küstler dahie, sowohl im Schloß als Neuen Pau mit dergleichen arbeith 28 x

**Lorenz Witsch** dritte Küstler dahie, verdient im Neuen pau unnd Schloß 4 fl 34 x

**Lorenz Witsch** Küstler dahie verdient mit unterschidlicher arbeit in des oberJägers wohnung 4 fl 19 x

Franz Jennerwein mit machung des weegs damit mann füeglich an **Festo Corporis Christi** mit der Proceßion[17] umbs dorff gehen khönnen 1 fl 30 x

Auf gdist Mündliches anbefelchen, hat mann dem **Laurethanischen Capeln Mesner** alhier seine wohnung ergrössert, indem noch etwas zu einer Cammer und zu dem Khüestall daran gepauet worden…

vor 25 Pfundt Pulver sambt dem Vässl nach AugsPurg gleich werth zalt, so am **heyl. Frohnleichnambstage** verbraucht worden 7 fl

1694

---

[16] Kleines Schloß in Türkheim.
[17] Die Prozession der Corpus-Christi-Bruderschaft findet noch heute am Sonntag nach Fronleichnam statt.

**Balthasar Krazer Strumpfstrickher** dahie, ist umb weillen er unter dem Schneeschäuflen an der Schloßmauer Hansen Hindelang alda, mit deme er in die worttweylung khommen, entlich mit der Schaufl einen straich yber den Kopf gegeben, unnd i(h)n etwas bluetrüstig geschlagen zue straff angesezt worden 3 fl

Elisabeth Kayserin dahie, hat Maria Negelin alda nit allein mit groben Reden: sondern, so gar mit schlagen angegriffen, desweegen Sie straff erlegen müssen 1 fl

**Johannes Berggmüller** Küstler dahie, verdient mit Unterschidlich verichter Küstler arbeith im Schloß und andern herrschaftlichen wohnungen 29 fl 27 x

Verdient nichtweniger sein Bruder **Andree Berggmühler** auch Küstler imSchlo lauth scheins 10 fl 7 x

**Andree Bergmüller** hat des Thorwartts wohnstuben ausgedäfert, auch mit anderer Küstler arbeith im Schloß verdient, so er ...3 fl 26 x

Vermög gdister anschaffung hiebey ist die **Capuziner Kürch** dahie, welche sich gesezt wardurch sich die Mauer von einandr begeben, wieder reparirt worden, war bey **Mattheis Stüller Maurer, unnd gippsMaister** mit seinen gesellen verdient lauth der beylag 68 fl 5 ½ x

Nacher **Füessen zu St: Magnj Gottshauß** seindt umb 4 panzen od Vass gipps sambt daryber ergangenen unkösten 32 fl

46′

**Lorenz Witsch** Küstler verdient im Schloß in der Elisabetha Zimmer dann in des Capeln Mösners wohnung 42 x

1695
Christoph Fux, Gall Dänzl Webers in Türckheimb Stüeffsohn, hat albereith in ao 1689 die sogenante krumpe Pfünnerin Maria Osttnerin, als ein weber knapp ledigs standts **geschwengert,** welches auch damahls unterthenigst berichtet,

und darauf die ostnerin craft derentweegen ervolgten gdisten bevelchs de dato 26. Jenner obigen iahrs, weils bey ihr alberaith die dritte Schwängerung gewesen, der grafschaft Schwabegg unnd Herrschaft Mazies verwisen worden, indeme aber gedacher Fux damahls ehe unnd bevor von dies schwängerung beym ambt etwas vorkhommen, sich in die Wanderschaft begeben, unnd nicht zu gebührenter bestrafung zu bringen gewest, sich aber anheur dahier wider eingefunden hat. Als hat man ihme annoch gerichtlich vernommen, dessen bekhantnus unterthenigst eingesendtet und dem craft heryber erholten gdisten bevelchs .. 6 fl. Georgen Zünckhen alda unnd dessen Ehewürthin anna weegen unehelicher Schwängerung Sie mit 10 tägiger arbeit bey denen Herrschaflt: gepäuen, ihme aber abgestraft 15 fl

Ungehindert Johannes Jennerwein dahie Christian Pürckhen alda beclagt, das er von ihme nach einige worttwexlen, einem gefährlichen stich in kihnbackhen mit einem Messer empfangen, so ist doch neben Hannsen Dänzl, weegen gleich anfangs ausgegebener Maulschelln und das sie beede sodann nach vollbrachten Stich ermelt….

Nachdeme Iro Hochfürstl: drtl: Unser gdister Fürstin unnd Frau pp [Mauritia Febronia] anheur durch den Churfrstl: Paumaister von München **Johann anthonj Viscardj** zwischen dem Schloß und dem Capuziner Closter, alwo vorhero ein Althona [Altane], ein runder Thurm gestanden, unnd darzu noch etwas von dem hervordern Blumengärtl eingerambt worden, einen ganz neuen pau auf dero aignen Costen aufführen lassen, ohne das man von ambts weegen etwas darbey zethuen: noch zu bezahlen gehalten hat, haben sich auch Iro Hochfürstl: Drtl: unser gdister Herr ppp gdist resolvirt an statt der alt ganz paufälligen pferdt: eine neue stallung von dem untern Eckh des nach bugs an der gassen hinaub stehenten Neuen paus, alwo dermahlen der Schloßpfleger unnd dero Leibmedicus wohnet, an dem

Kreitl[Kräutlein]gartten hinauf pauen, unnd an demselben
dieses iahr die helfte dieweile man mit genügsamben
Materialis nicht versehen gewesen, aufführen zu lassen, der
pau aber an sich selbst ist ob angesagtem Paumaister der
Clafter nach nemblich von ieder Clafter haupt gemauer eines
schuechs dickh 1 fl von dem gewölben 50 x zu bezahlen,
verdinget worden, welcher nach ordentlich vorgenommener
ausmessung mit angesagtem Paumaister in allem vermög der
beylag gecostet....795 fl 20 x

der **Küstler Johannes Bergmühler** dahie hat mit Verferttigung
36 Chreuzstöckh, einiger thür gerichten, sambt den thüren,
unnd weitterer hinaus führung der aus der Waschkuchel
hinaus gehenten schneckhenstüeg[Stiege] bis auf den Boden,
verdient 55 fl 30 x

Unnd dem Küstler Joahnnes Berckhmüller, weegen gemachter
zweyer Cästen vor die Cammerfreyllen [Kammerfräulein]
etliche pöthstatt einige verrichter arbeith bey H: Pater
**Knollenberger S:J**:[Societas Jesu] unnd ander gemainer
arbeith mehr 25 fl

1696

**Martin Peyhl** Bildhauer dahier ist umb begangenen
Ehebruchs willen mit Annastasia Reiserin von Mazsies, noch
leedigen standts, welche daselbst gefänglich angehalten, und
nach verdienst abgebiest an statt der sonst gewohnlichen
schandt Craft gdisten Bevelchs der dato 17t May ao 1696 an
gelt pr. 100 pfundtpfennig abgestarfft.

1697

Nachdem gdist: anbevölchen worden dem zwischen derr neu
erpauten stallung und dem alten dürnizpau noch entzwischen
ligenten plaz mit einer wagenschupfen und schmidten und
darob alhier die hauptmauer denen anzugleich aufzuführen

ob zwar disr pau dem churfürstl: Paumaister **Viscardy** sowol als die stallungen von Mauerarbeit zu verförttigen angedingt gewesen, so ist ihme doch derentwegen weille disr noch nicht ausgemessen, ein mehres nit abgevolgt worden, als was die Maurer und Tagwerckh daran verdient, warfür dessen Balier Joseph Päramann in der beylage beschrieben, 160 f

dessen haben desselben gesellen neben hiesigen Maurern mit abbrech: und wider aufmaurung einer Stiegen bey des Schlospflegerswohnung machung zweyer Kässlhausl ein Waschhaus, pflasterung der einfahrt unter der neuen stallung, schlagung eines östirchs uf Herrn Zahlmaisters wohn ausweisung einiger hochfürstl. Zimmer, sambt beeden säulen unnd der hintern Schneggenstiegen ybergehung der Tachungen...82 fl

Indem bishero zu denen Hochfürstl: Ambtsgeföhlen kein sonderbahre **AmbtsCasa** verhandten iedoch aber gleichwohl zu verwahrung der Hochfürstl. Ambts gefähl sowol, als anderer zum Ambt deposidierter gelter ein solche sonders vonnöthen gewesen, hat mann durch den hiesigen Kistler Lorenz Witschen ein dergleichen Caßa vor ganz aychen holz richten lassen 14 fl

obgedachter Lorenz Witsch hat man auch vor 5 in dem Neuen pau gemachter Creuzstückh, dann ein in des Gerichtsschreibers obers Stübl neugerichtes Däfer samt darzue gebenen prettern 16 fl

So hat **Hanns Perckhmiller Kistler** mit ausmachung des Garttners neuen wohnung dann verferttigung siben Fensterstöckh zu vorgedachtem neuen pau und ander mehr verdient 20 fl

Durch obige beede Kistler ist zum anstreichen ein und andere arbeit bey hannsen Treher das benöttigte Leinoehl .... 2 fl

Als hernach volgente Ziegl Rechung mehres weiset, ybertreffen die Ausgaben die Einnamb, weil die vor diss iahr

zum Hochfürstl: neu gepäuen sambt dem auch neu erpauten
Spittal khommen Zhiegl und Dachzeug weitters...

1698
Hans Dausch Söldner dahier hat umb das er sich
understandten, ein frembdt auslendtisches Weib ohne
vorwisen des Ambts und der Vierer dahier in die Hörberg
aufzunehmen 45 x
**Johannes Berckhmillern** Küstlern dahier, vor die in des
LeibMedici wohnung ververttigte Creuz Stöckh und Thür
gerichtet, dann ausdäferung selbigen ganzen paus 80 fl
**Lorenz Witschen auch Kistler** alda wegen machung einer
neuen Camer Thür in mein Pflegs Commissary dann
ausdäferung der dillen in flez des gerichtsschreibers wohnung
6 fl 47 x

1699
Es hat zwar dis Jahr zwischen Hannsen Miller Hochfürstl.
dürniz dafeldecker, und Erna Schissleren dahier ein
würckhlicher Ehebruch, dan zwischen bernnhardt Hollrieder
und Ursula Pöglin alda ein uneheliche schwängerung bezaigt,
die weillen aber die Erstere Partey zwar mit 100 pfundt
pfening abgestraft, iedoch dabei bevohlen worden, das mann
solche Straf a Conto halten .....
Christoph Lober dahier zu Türckheimb umb das er dem Michl
Würth under dem Wahlfahrten gehen ufm **Heyl: berg**
[Andechs] mit underschidlichen ehren verlezliche wortten
angegriffen auch so gar mit einem steckhen nach ihme
geworfen 1 fl 30 x
Und **Martin Peyhl** Bildhauer dahier umb das er Frantz
Leinauer alda zwey ohrfeigen geben, und sich darbey mit
schelten und flüechen vernehmen lassen pr. 3 fl
geleesenen heyl: Messen benöthigten opfer wein vor dies Jahr
widerumben erstattet 2 fl

Hiesigen Früemesser oswald Kürschner ist auf sein undtth.[untertänigste] bitte, zu erpauung und neuer erhobung des früemess Haus, Craft beyligent gdisten Befehls dedato 9 febr: nebst abvolg ...gnaden zu einem Beytrag bewilliget und abgevolgt worden 100 fl
...Von dem Sallitar zimblich minerdten Cortta im Schloss ist ein Vaß gipps von **Fiessen yber Hochenschwangau** bestellt...
**Ulrich Herzog** Mahlern zu Hiltenfingen von anstreichung obberedten gländers...
**Hannsen Berckhmiller** Kistler alda, vor thails verrichte Kistler arbeit, mehreren Thails aber vor anstreichung der Thor und ainiger gewey Kibl mit plau und Weisser farb in Hofgartten dann ausbesserung der Cortta, und andern arbeit mehr beyligenten Zötl...27 fl 8 x
ermelter **Berckmiller i**st auch vermög eines andern zötls wegen eines absonderlichen gerichten und eingeschlagenen Säuls uf der Porr [Porkirche = unter der Empore] in hiesiger Pfarr Kürchen vor beede Hochfürstl. Persohnen weiters entglohnen zalt worden 5 fl 8 x
Dess Churfürstl. Paumaisters **viscardi Pallier Marx Päramann** von in wendtiger verwerfung der dachungen uf der neuen stallung 29 fl
**Leonhard Pfeifhofern** dahier vor 12 neu gemachte gewex truheln 1 fl 36 x
Obwohl zwar bereits die gdiste Bewilligung geschehen den **Pfarrhof** alda ganz von neuem aufzupauen  auch man deswegen schon underschidliche auslagen gethann, so will mann doch vor diess Jahr noch bis zu dessen völlig: auspauung deswegen also in Ausgab vortragen - - -
Indeme der Pfarrhof rest vorm Jahr ganz von neuem erpauth, und dentwegen 730 fl Ausgabe gebracht....
Und von dem sogenannten der **St. Bennonis** Capellenzuegelegte Thobias guetl Kombt diess Jahr 30 x
Pulver bei der **Fronleichnamsprozession** 7 fl 57 x

1700

Hans Seelos dahier zu Türckheimb ist neben seinem Weib, wegen vorehelicher Schwängerung in fanorem Matrimony nach inhalt beyligenten gdisten bevelchs dedato 9 xbris 8 fl
Thails hiesig Türckheimbische unnd Thails **berg**er [Weiler bei Berg] Knecht seint umb vollbrachten Rauffhandls willen beim undern Würth [später Gasthaus Adler genannt] insgesamt gestraft worden 3 fl
**Hanns Berckhmiller** Kistler dahier, hat bey diesm gepäu mit Khittung der pflaster platten, unnd machung neuer Creuzstöckh verdient...20 fl
**Hannsen Berckhimller** Kisler dahier vor die dahier gemachten neue Thürn gerichten und fenster stöckh 14 fl 30 x
**Matheis Stiller gips maister zu Ettringen** wegen vergipsung des abgebrochenen Welischn Camins in unser gdisten Frauen wohnzimmer beyligenten zötl zalt mit 1 fl 15 x
**Hanns Berckhmiller** Kistler seien beim Schlosse mit underschidtlichen arbeiten betreffed 25 fl
**Lorenz Witschen** auch Kistler...5 fl 4 x
**Jakob Khuzern Kistler zu Hiltenfingen**, vor einen neuen Creuzstockh 3 fl 40 x
Dieweillen dieser Pfarrhof dergestalten Pauvöllig gewesen, das die unmbgängliche notturft erfordert hat...721 fl

1701

Unnd **Michael Nickhl Mahler** unnd neben zäpfler [Wirt] zu Hiltenfingen von 350 Eimer [Abgabe] 35 fl 48 x
Und weillen geörg Stromayer des obernmillers knecht obiges Mensch gar zu sich in sein pöth genohmmen und daryber vom Miller ergriffen und ausgejagt worden, als hat mann diss Mensch...
**Hannsen Georg Kayser Schuelmaister** von ainem armmen Kündt ein hiesigen Spytall sag zötls an schuelgelt bezalt 40 x

**Geörg Starckhmann, Peter Schwaiger, unnd Lorenz Pauer alle drey Kistler zu Ettringen,** haben mit genzlicher ausmach: und Aufrichtung des gländers von aychen Saullen dann machung eines dächls.... 42 fl
Zu Anstreichung des Däfers in ermelten gallerie unnd verferttigung der gdist anbevolchenen Mahlerei ist vor die vom **Mahler zu Hiltenfingen** erforderte underschidtliche der Mahler ist vom hochfürstl. zahlambt bezalt worden.... - - - farben nach **AugsPurg unnd Mündlheimb** zalt worden 37 fl
**Lorenz Witsch** hat mit machung des Däfers in öfters erwehnter gallerie, dann verferttigung erforderten Rammen zu denen blachenen... 14 fl
der **Mauermaister zu Mündelheimb Thomas Natter** von undermaurung unnd beschlauderung des gangs zur [Loreto-] Capell hinyber gleichfahls....27 fl
**Lorenz Witsch Kistler** hat mit ausdäferung der grossen Waschstuben im Schloss ausdaferung zweyer Zimmer im Pfarrhof underschidtlich gemachter ?ammen zu den Windterwendten in die neue gallerie unnd andere arbeit....30 fl 45 x
Des gleichen **hanns Berckhmiller Kistler** mit underschidlicher Mahler= und Kistlerarbeit...16 fl

1702 fehlt

1703
**Hans Michael Nickl Mahler zu Hiltenfingen** das pier auszäpfen aufgegeben
Niclas Vorrhardt dahie zu Türckheimb ist neben seinem Weib, weegen unehelicher Schwängerung... 8 fl
**Johannes Bergmühler** auch Küstler alhier hat gleichfahls ein alhiesig Hochfürstl. Schloss unnd Hofgartten ...5 fl 52 x
Verdient nichtweniger **Paulus Schmidt Küstler zu Sibnach** wegen gemachter 12 Saulen zur althannen 2 fl 24 x

46 Fass Gips aus **Hohenschwangau**
Nach gdgst mündliche anschaffung ist das gwölbl vor der
**Laurethanischen unser Lieben Frauen** Capeln solcher gestalt
gerichtet worden, das ein unnd andere Leuth welche zu zeiten
der engetwillen nit mehr in die Capeln khönnen, gleich in
dem gewölb Mess und andern Gottsdienst hören khönnen,
warbey Georg Gross maurer et Consortes verdient 6 fl 47 x
In das Hochfürstl. Oratorium in der Capuziner Kürchen hat
hans Eisenreich glaser alhier zwei Neue Fenster....
**Michael Niggel Mahler in Hiltenfingen** verdient sag scheins
wegen anstreichung 12 gartten Kübl unnd die reittschuell...4 fl

1704
**Michael Niggl mahler zu Hiltenfingen** hat heyr gleich werth
an dergleichen pirausgezapft ...Nichts
**Georg Khayser Schuelmaister**...schulgeld 1 fl 16 x
**Lorenz Witsch Schreiner** alhier ist für seine dis Jahr beym
Hochfürstl. Schloss vorrichte Schreiner arbeith 10 fl 15 x

1705
Hans Porth Sattler unnd Wittiber alhier in Türckheimb hat
sich mit Barbaraa Hindelanen in unehren vergriffen, woraus
die Schwängerung ervolgt... 6 fl
Ingleichen würdet **Hans Perckhmüller khüstler** alhier seinen
das ganze Jahr hindurch bey dem Hochfürstl. Schloss
underschidlich verrichter khüstler arbeith...24 fl 14 x
Wegen gleichen verrichter arbeith in dem Hochfürstl. Schloss
ist **Lorenzen Witsch auch khistler** alhier... 19 fl 5 x
Der Schreiner **Lorenz Witsch** für die thürgerichter und
Creuzstöckh sambt denen Laden und Fenster Rahmen 9 fl 40 x

1706
Thoma Hagger Wittiber und schneider dann Elisabeth
Nickhin auch Wittib alhier, haben selbst bekhendter massen

under verrichter Wahlfahrt das Laster der Leichtfertigkheit miteinander veryebt, deshalb Sye nach inhalt gdigster Bevelchs denen emandieten Mandatis gemess pr 3 Wochen in der **Geigen,** er aber, weillen underthenigist suppliciert das ihm solche andictirte Leib: in ein beidentliche Geldstraff verwandt werden mechte 6 fl

Wie nitweniger **Hanns Berckhmiller** kistler nach anzeig des zötls 16 fl 10 x

Und **Lorenz Witsch** auch Kistler alda wie die Beylage weiset 7 fl 22 x

**Jacoben Zeller Kistler zu Hiltenfingen** vor einen ganz neuen aychnen creuzstockh so in ein Gerichtsschreibers wohnung 1 fl 30 x

1707

Jgnaty Kayser Schlosser und Ursula Mennerin beede dahie, seint zwar wegen miteinander Begangenen doppelten Ehebruchs Craft hibeyligent allergdisten Bevelchs dahin punetiert worden, das iedes neben 4 wochentlicher abbissung in der gefänkhnus auch 50 fl an geldt zur straff bezallen solle, dieweillen aber bis dato noch nicht von ihnen......

Vermög hiebayligent allergdisten Bevelchs hat wegen der durch den ganzen dreysigst hindurch in hiesiger Pfarr Kürchen täglich gehaltenen figurirten Betraueyen mit aussezung des Hochwürdigisten gueths und zweymahliger gebung des heyl: Seegens, sowol dem Herrn Pfarrer als musicanten vor ihr Bemüehung bezalt werden müessen 8 fl

So hat auch dem **Franz Kayser** organisten und gesambten musicanten von denen nach vormahlig gdister anordnung vorige gdisten Herrschaft in verflossenen zweyen Jahren hero in der Laurethanischen ‚Capell an allen Frauen Festen der Mutter gottes gehaltenen figurierten Litaneyen.... 12 fl

**Andreas Berkhmiller Kistler** hat bey der Castenambts wohnung verdient 21 x

**Hanns Berkhmiller auch Kistler** beim Schloss 6 fl
Dann der **Kistler Lorenz Witsch** mit verwahrung der
Althannen im Hofgartten 2 fl 40 x
von dem sogenannten der St. Benonis Capell zuegelegten
Thobias guethl kommt 30 x

1708
Vermög hiebeyligent allergdisten Bevelchs dedato 26. July ist
Teresia Simnacherin dahir wegen mit **Jacoben Mädrisch
Bildthauer Jungen** begangenen Ehebruchs mit 14. tägiger
Gefängnus und an geldt mit 10 fl abgestraft worden, die deren
Vatter **Marthin Peyhl Bidlthauer** vor Sey entrichtet 10 fl
der **Lorenz Witsch Kistler** wegen vermacht und wieder
hinweggethanner Blache und der ‚Althanne 1 fl 44 x
Der **Kistler Hanns Berckhmiller** bekhenndt in der nebenlag
im Hofgartten mit Kistlerarbeit verdient 9 fl

1709
**Hannsen Berckhmiller** kistler seinen verdienst beim Schloss 2
fl 55 x
dem **Andree Berckhmiller** auch Kistler 29 x

1710-11
**Leonhard Pfeiffenhofer** und Michael Mayr alda umb das sye
auch miteinander Raufhändl gehalten ieder 45 x
**Hannsen Berckhmüller Kistler** mit machung obiger zweyer
neuen thor im Hofgartten 4 fl 48 x
**Andreas Perckhmüller** hat mit machung der läden vor die
Fenster gegen der gassen im Hofstahl verdient 2 fl 58 x

1712
obwohl zwar Anna Sebastian Rospergers dahir Stieftochter
von Hans Geörgen Geyger Zimmergesellen von Untr
Rammingen, Maria Franzen Jennerweis dahir tochter, von

Hannsen German Maurergeselle, dann Marianne und Elisabetha **Franzen Kaysers schuelmaister und Mösners** Beede töchter, die erste von **Franzen Reitter Bildthauergesellen** und die andere von Josephen Hafner Schuchmachern, als Ledigenstandts unehelich geschwengert, somit doch selche nehmlichen die ersten drey partheyen nur, indem, daß weillen die MannsPersohnen nicht dahir gebürhtig seyen. Sye dahir dem Herkhommen nach nicht gelitten sondern an ihre geburthsorth gewisen werden sollen. Die Viertten parthey aber dahin condemniert worden, das selbe bey bevorstehender Weyerarbeit. 14 täg lang angestellt unnd uf solche weis ihr verdiente straff abdienen sollen, also daß derentwegen an geldt weitters nicht eingebringen gewesen

straffen...weillen Er den Marthin Paulus sehr hart geschlagen...

Baukosten auf das Schloss:
Marx Maurer Zimmermann und Prunnmaister dahier ...bey dem Wasserwerckh in underschidtliche weeg ...empfangen 21 fl 45 fl
Nachdem die unumbgängliche Notturft erfordert, die in dem Hofgartten stehente Gallerie, pauvölligkeit halber abzetragen und ...darauf ein Satldächl richten zu lassen...29 fl
**Lorenz Witsch Kistler** hat an statt der entfremben 7 fentsterflügl im neu pau andere 7 neue gemacht und damit verdient 1 fl 10 x
des gleichen **Johannes Berckhmiller**, mit Kistlerarbeit 1 fl 48 x
**Andreen Berckhmüller** und Michael Weyshtln Beeden Mühlbeschauer ihr deputat vor dies Jahr ...

1713
als oberjägers Knecht Menradt Mayr und dessen weib ist zwar albereith vor um ein Jahr wegen unehelicher schwängerung dahin abgestaaft worden, daß beed. 4 wochen lang im

Zehentstadl erschein sollen, indem Sye abr solche nicht verrichten khönnen , so ist von ihnen uf 56 täg a 12 xx an geldt darfür erbracht worden 11 fl 12 x

....Millers Knecht, Hans Ambosens Sohn, und des Marthin Millers alte Sohn unterstandten, haben nächtlicher weyl nicht nur händl auszutragen, sondern auch darum zu Sacramentieren zu schelten, und zu fluchen...

Joseph Leinauer alda, hat darumben weillen er den **Anthony Berckhmiller** mit einem pier Krugg am Kopf und damit eine Wundten geschlagen, zur straff erlegen müssen 3 fl

Hingegen ist auch der Berckhmüller, weillen er neben seinem Vatter dem Leinauer hinwider mit Schlägen tractirt abgestraft worden, 1 fl

Franz Leinauer dahir, hat auch, weillen er dem Anthony Berckhmiller eine ohrfeige geben, zu straff erlegen müessen 1 fl

zur Ausbesserung der **Crotta** (im Schloss) zu AugsPurg an allerbey Muschlen erkhaufft

**Hansen Berckhmiller kistler** seinen verdienst im Schloss 5 fl 4 x

Dem **Gipsmeisster zu Ettringen [Stiller Michael]** vor ein halbes Vaß Gips zu ausbesserung der Krotta im Schluss erstattet 4 fl 30 x]

Rechnungen 1714, 1715 fehlen

1716
So fallet auch jährl: von denen mit gdister Herrschaft bewilligung seith ao 1685 neu erpauten 14 Soldhäusern[18] an stüfft Hoffstattzüns, und Kuchendienst als bey.... **Hannsen Berckhmiller** 18 x 5 Hl.[19] ()

---

[18] Die Häuser wurden an der heutigen Rosenstraße erbaut. In einem dieser Sölden wurde 1688 Johann Georg Bergmüller geboren.
[19] Früher nur summarisch, ohne einzelne Namen erwähnt.

Franz Leinauer Weihpaur in Türkheim.... im Würthshaus ein glas pier ausgeschüttet, auch einen Krug nachgeworfen, mit schlägen angefahlen...

Dem **Severin Buder Bildthauer Jungen** auch zu einer nothwendtigen Klaydung nach zaig gdisten Bevelchst zugestölt. 8 fl

Gärtner Leopoldt Jäger...

Dem **Kistler Hanns Berckhmiller** von machung 16 neuer Postamenter, ausbesserung der alten, machung neuer teichelen und anderer arbeit mehr...16 fl 37 x

Der **Mahler Hanns Jacob Zimmermann** hat mit anstreichung sowol der gewäx Kibl als auch der alt und neuen Postamente empfangen 26 fl

als der vorgeweste Pfarrer Geörg Kreuzer verstorben...Pfarrhof repariert

neuer Pfarrer **Joseph Anton Drexl**

1717
Badstube....

**Michl Nickhl Mahler** alda (Hiltenfingen) hat wegen seiner nacher Zimmetshausen verheirathen tochter zur Nachsteur zu bezallen 30 fl

fürs Schloss:

**Hanns Berckhmüller Kistler** hat beym Schloss verdient 1 fl 48 x

**Lorenz Witsch Kistler** gleichfahls 8 x

**Michl Stiller** Maurermaister hat neben seinen gesöllen mit Maurung des Stuben stockhs gewölbung der Kuchl und des Kellers besag der Beylag verdient und empfangen 75 fl[20]

Umbau des Türkheimer Pfarrhofs …..

1718

---

[20] Oberjägerhaus zu Schwabegg!

1685 neu erbaute Sölden…..[21], wie oben
Andreas Niggl Mezger dahir, umb weillen Er dem leonhardt
Pfeiffhofer als einen alten Mann geschlagen, pr: 45 x
Auf gleichmessig gnediges anbefehlen, **Hannsen
Berckhmüller** Kistler dahier guetgemacht, des beym
**Gottshaus Climach** verdiente 20 fl
Schloss:
Der **Kistler Andreas Berkhmüller** hat bey der
Pflegamtswohnung nach inhalt zötls verdient 1 fl 50 x
**Hannsen Berkhmüler Kistler** dahier seinen verdienst 2 fl 43 x
Pfarrhof zu Türkheim:
eine ganz neue Waschküche erbaut und neuer _Stadel:
**Michael Stiller Maurermaister zu Ettringen** von abbrechung
der alten und wieder aufmaurung der Neuen WsachKuchl
vermög der Beylag 33 fl 22 x…**Andreas Berkhmüller Kistler**
hat beym Pfarrhof nach zaig zweyer Zötl verient 6 fl 48 x

1719
Franz Leinauer alhier, über daß er Peter Wachter alda ohne
Ursach mit schlägen yberfallen 1 fl
Schloss:
Dem **Andreas Berkhmiller Kistler** vor ain neu gemachte Thir,
in der Frauen Schlospflegern oberes Zimmer 1 fl 30 x
**Lorenz Witsch** hat bey der Capell verdient 40 x
dem Kistler **Hanns Berckhmiller** 3 fl 10 x

1719/20
Gemaindtspadhaus
Einnahmb an Nachsteuer…

---

[21] Wie in den Rechnungen von 1716 erwähnt. Die „Gernhöfe" sind separat erwähnt.

Und **Hanns Berckhmiller Kistler** hat ab 800 fl seiner nach AugsPurg verheurathen tochter gegeben heurathguet und Nachsteuer zu entrichten 80 fl
Schloss:
desgleichen dem Kistler **Hanns Berckhmiller** 5 fl 24 x
Schlossgarten:
Dem **Mahler Hanns Jacob Zimmermann** von anstreichung gedachter gewäx Kibl und obiger 18 Negelescherben 13 fl 40 x
Und **Hansen Berckhmiller Kistler** alhier an 80 fl Nachsteier 30 fl[22]

1720
Schloss: Wie auch **Hanns Berckhmüller Kistler** 5 fl 15 x

1721
Strafen:
Joseph Haydt alda, umb daß er um dem Spillen des **Franzen Reitters** tochtermann zu schlagen aufgefordert und die schlägerey mit ihm vorbracht 1 fl
Schloss:
Dem **Gipsmaister Michl Stillr zu Ettringen** und seinen gesellen, von machung der neuen Fontanen im Hofgarten 13 fl 24 x
Dem **Kistler Hanns Berckhmiller** gleichfahls 4 fl 14 x
Gotteshaus Konradshofen
Dem **Kistler Andreas Berckhmüller** dahir vor 4 neugemachte fensterstöckh, und ausbesserung der alten 7 fl 39 x

1722
Schloss
Dem **Kistler Hanns Berckhmiller** seinen verdienst beym Schloss 2 fl

---

[22] Anscheinend wurde die Steuer nicht gleich ganz bezahlt.

1723
Einnamb an Hofstatt zünßen....**Hans Berckhmüller** 18 x 1 Hl.
Ettringen: ......**Michael Stiller Gübsmaister** vor Herr Pfarrer alda raicht Jährlich aus dem ambtsgartten an bestendtig grasgelt 30 x
Einnamb an dienst Scharwerck und Jagt geltern zu Türckheim...**Andreas Berckhmiller Mahler** 45 x
Niclas Rader Hafner, ist umb das er dem Mühl Spötl Miller dahier nit nur 2. mahl mit fäusten sondern einen sStainen Krueg am Kopf verschlagen abgestraft worden pr. 5 fl
Franz Leinauer dahir zu Türckheimb umb daß er dem Andre Mayer NachtRosshürthen im Würthshaus yber den Stuel abgeschlagen, pf. 45 x
des GippsMaisters magdt zu **Ettringen**, umb das Sye des Simon Haydern tochter uf offentlicher gasse nidergeschlagen, pf 1 fl
Ihro Gnaden **Herrn Peter von Lehner** als Hauptpflegern, ist die Jährliche besoldtung guetgemacht worden mit 285 fl
**Hans Berckhmüller Kistler** mit machung zweyer aychenen gedrächeten Saulen in beede Blumenstücke dan mit abnehmb: unnd wieder aufmachung der Weitterrammen uf der schneggenstügen 6 fl
dem Schuelmaister für arme Kinder.....

1724
Einnamb an Hofstatt zünßen....**Hans Berckhmüller** 18 x 1 Hl.
......**Michael Stiller Gübxmaister** zuvor Herr Pfarrer alda [Ettringen] raicht Jährlich aus dem ambtsgartten an bestendtig grasgelt 30 x
Beede Kistler dahier **Hanns unnd Andree Berckhmiller** vor 17 neugemachte unnd aus besserung der alten Creuz Stückh sambt darzue gericht neuen fenster Läden .... 29 fl 20 x [für das Schloss]

1725
Einnamb an Hofstatt hzünßen....**Hans Berckhmüller** 18 x 1 Hl.
**Michael Stiller Gübxmaister** zuvor Herr Pfarrer alda raicht Jährlich aus dem ambtsgartten an bestendtig grasgelt 30 x
Einnamb an dienst Scharwerck und Jagt geltern zu Türckheim...**Andre Perckhmüller Mahler** 45 x...**Franz Witsch** 45 x

Michaelen Weihmann Dienstknecht von Perg[23] hat man auf Clagen Martin Seyboldtens aldorth umb willen derselbe gedachten Seyboldten die Fenster unnd dessen tochter zwey höhn eingeschlagen, dahin condemniat das Er der tochter für die eingeschlagene zähl 10 fl bezahlen.....

Johann Peter Paullin **Schuelmaister zu Hiltenfingen**, hat in verwichener Türkheimber nachkürchweyhe, mit seinem Schwager, Franzen Leinauer alhier in dessen aigenen Haus ein auflast: und zankhhandel angefangen auch hirmehr gedachtem Leinauer eine ohrfeige zugeeygnet...

Vermög der beilag hat **Andre Perckhmüller** kistler alhier in Türkheim in einem Pflegs Verwalters ambtswohnung einen neuen Kreuzstockh gemacht und desswegen zu seinem lohn empfangen 1 fl 15 x

Item vor ausbesserung eines alten 40 x

Widerumben hat derselbe in des Zimmer ober der gewesten Schlosspflegerin eine neue Thür und 2 spänische Läden wo das wasser eingeschlagen verfertiget... 1 fl 50 x

Mehr hat derselbe in das Schreibzimmer eine Neue lange panckh und eine Neue bicher Stellen gemacht auch die Thurm ausgebessert und angestrichen 2 fl 37 x

1726

---

[23] Weiler nördlich von Türkheim

Einnamb an Hofstatt zünßen..**Hans Berckhmüller** 18 x 1 Hl.....**Michael Stiller Gübxmaister** zuvor Herr Pfarrer alda raicht Jährlich aus dem ambtsgartten an bestendtig grasgelt 30 x

Einnamb an dienst Scharwerck und Jagt geltern zu Türckheim...**Andre Perckhmüller Mahler** 45 x...**Franz Witsch** 45 x

Ausgaben auf den Pfarrhof:

**Andre Perkhmüller Schreiner** alda hat anstatt der verfaulten 3 neue creuzstöckh, in das obere Zimmer mit yberfeylRammen, auch in: und auswendtig mit leden verfertiget auch das Holz hierzue hergeben.. 5 fl

Mehr wurde demselben vor 3. etwah ? creuzstöckh mit einfachen leden und yberfelgen mit einschlußs des hiezue hergegebenen Holze 3 fl

Widerumb vor eine neue Thür im Hof ermelten Schreiner bezalt 20 x

Noch vor 2 kleine chreuzstücklein 52 x

dan vor ein neues Seünlsenpredt 6 x

Und vor 18 Wüetteramben 2 fl 15 x

1727

Einnamb an Hofstatt zünßen....**Hans Perckhmüller, iezt Michl Sedtele** 18 x 1 Hl.....**Michael Stiller Gübsmaister** zuvor Herr Pfarrer alda raicht Jährlich aus dem ambtsgartten an bestendtig grasgelt 30 x

Einnahmen an Scharwerk......**Hans Jacob Zimmerman** ist verstorben ...

Einnamb an dienst Scharwerck und Jagt geltern zu Türckheim...**Andre Perckhmüller Mahler** 45 x...**Franz Witsch** 45 x

...**1/4 Paur in Ettringen: Michl Stiller**

Ausgaben für das Schloss:

**Michael Settele, Schreiner** alhier zur Türkheimb hat erstgemelte 16 Läden gemacht.... 2 fl 40 x
für Pfarrhof:
**Andre Perckhmüller, Schreiner** zu erholten Türkheimb, hat anheuer im Pfarrhof zu ersagter Holzhütte 210 Latten geschwaift auch eine Pfanenramb und 3 gesimbs pretter in die Kuchel gemacht... 1 fl

1728
Einnamb an Hofstatt zünßen....**Michl Sedtele** 18 x 1
Hl.....**Michael Stiller Gibsmaister** zuvor Herr Pfarrer alda raicht Jährlich aus dem ambtsgartten an bestendtig grasgelt 30 x
Einnamb an dienst Scharwerck und Jagt geltern zu Türckheim...**Andre Perckhmüller Mahler** 45 x...Franz Witsch 45 x
Umbwillen **Hans Geörg Perckhmüller, schreiner gesöll** alhier, im obern Würthshaus alda gegen Franzen Mayr Schmidtkhnecht daselbst in beysein viller zechleut gemeltet, es werde yber Ihme etwas herkhommens, welches die anwesenten Leuth also ge?..... Strafe
Schloss: anheuer auf dem Gang, wo man von Schloss in die Capuziner Kürchen hinyber gehet 3 Chreuzstöckh völlig verfaullt hat man statt deren Neue verferttigen lassen und als an **Andreas Perckhmüller Schreiner** alhier zu Türkheim vor solche 3 Neue Fenster Chreuzstöckh ..4 fl 30 x
Widerumben hat ermelter Schreiner auch einen Creuzstock auf den Umben gang von neuen gemacht 1 fl 30 x
Weiters hat man angezegenen Schreiner umb das zu obern Fentserramben hergegebenen Holz guetgemacht 30 x
Mehr hat der Schreiner auf dem obern Sahl an ein Creuzstockh ein Neues Creuz gemacht 45 x

Und dan entlichen, hat derselbe im ganzen Schloss die fensterstöckh und Ramben wo es am nothwendtigisten gewest ausgebessert und dessentwegen zu seinem Verdienst 2 fl 25 x

**1729**

...1685 Neuerpauther 14 Söldhäuser, xn Stüft, Hofstatt züns und kuchendienst als bey... **Michael Sedele** 18 x 5 hl

...**Michael Stilller gipps Maister**, zuvor Herr Pfar vor alda, raicht Jährlich an das dem AmbtsGartten an bestende gen gras gelt 30 x

Jngleichen ist vor nachfolgentes Inwohnern an dienst gelt eingebracht worden, als von...**Andre Perkhmüller** 45 x

Jgnati **Witsch** 45 x

Ausgaben auf Schloss: **Andree Perkhmüller Schreiner** alhier hat anheuer in des Schloss 4 creuzstöckh, so ganz verfault gewesen, von neuem gemacht, und dafür empfangen a 1 fl 15 x, zusammen  5 fl

Item hat derselbe 7 neue Läden gemacht und darzue die Pretter hergegeben, mithin derentwegen 1 fl 45 x

Ausgaben für den **Pfarrhof** .... **Andre Perkhmüller Schreiner** alhier zu oftgemelten Türkheimb, hat ebenfalls bei der **ausgibsung mit Latten hoblen**: und dergleichen verdient: und empfangen, auf die in der beilag Specifice... 2 fl 50 x

Und dan entlich hatten **Michael Stiller gibs: und Maurermaister zu Ettringen, et cons**: mit solcher arbeith verdient und empfangen craft beiligenter 2 Bescheinungen benanntlichen gemelter **Stiller** auf 2 täg a 45 x   1 fl 30 x

**Christian Seiz auch gibser** in 30 tägen a 34 x melt obigen beilagen 17 fl

**Sebastian Dotl** auf 3 täg seinen **gibser** verdienst a 34 x zusammen 1 fl 42 x

**Joseph Strobl** auf 27 täg a gleichmassigen 34 x   15 fl 18 x

**1730**

...1685 Neuerpauther 14 Söldhäuser, xn Stüft, Hofstatt züns und kuchendienst als bey... **Michael Sedele** 18 x 5 hl

...**Michael Stilller gipps Maister**, zuvor Herr Pfar vor alda, raicht Jährlich an das dem AmbtsGartten an bestendegen gras gelt 30 x

Jngleichen ist vor nachfolgentes Inwohnern an dienst gelt eingebracht worden, als von...**Andre Perkhmüller** 45 x

Jgnati Witsch 45 x

**Joseph Pfeifenhofer** alhier gebürttig dermahlen aber **in Wien, seiner Profesion ein Bilthauer**, hat anheuer von seinem vätterlichen Erbthaill 15 fl nacher gemelten Wien ybermachet werden missen von welcher man die gewohnlichen Nachsteuer zurückh behalten und alda in Verrechnung bringen wollen mit 1 fl 30 x

1731

...1685 Neuerpauther 14 Söldhäuser, xn Stüft, Hofstatt züns und kuchendienst als bey... **Michael Sedele** 18 x 5 hl

...**Michael Stilller gipps Maister**, zuvor Herr Pfar vor alda, raicht Jährlich and s dem AmbtsGartten an bestendegen gras gelt 30 x

Jngleichen ist vor nachfolgentes Inwohnern an dienst gelt eingebracht worden, als von...Andre Perkhmüller 45 x

Jgnati Witsch 45 x

**Joseph Pfeifenhofer** von Türkheimb gebürttig dermahlen aber in der frembt, als ein **Pilthaur gesöll**, sich befündtent hat kraft fertiger rechnung folio 32 x an Vätterlichen Erb ybers bekhommene noch 800 f: zu erfordern, diss Jahr aber an solchen nichts erhalten dahero an Nachsteuer verrechnet werden kann Nihil

1732

...1685 Neuerpauther 14 Söldhäuser, xn Stüft, Hofstatt züns und kuchendienst als bey... Michael Sedele 18 x 5 hl

...Michael Stilller gipps Maister, zuvor Herr Pfar vor alda, raicht Jährlich and s dem AmbtsGartten an bestendegen gras gelt 30 x

Dann ist von nachfolgenten Inwohnern an Dienstgelt eingebracht worden...Andreen Berckhmiller, weill solcher anheur hinweckh gehzogen also ---

Ignati Witsch auch abweckh gezogen---

**Martin Pürckh** von Türkheim gebürttig denmahlen aber als ein **Bildthauer gesöll zu Wien** sich in arbeith befündtent hat an dessen Lauth fertiger Rechnung folio 34 noch zuerstorben habenten 100 fl anheuer abermahl nicht empfangen, mithin der orthen an nachsteuer auszuwerfen ist Nihil

**Dominicus Perkhmüller Schreiner** zu widerholten Türckheimb, hat anheuer einen sehr grossen und weitschichtigen Registratur Casten mit 30 schubladen nebst dessen gesöllen ins Schloss verferttiget, auch sonsten das ganze Jahr hindurch underschidliche arbeit ins Schloss verfertiget, das hin gemacht, sohin dentwegen zu seinem verdienten Taglohne unnd anders / massen man die Prötter zum Registratur Casten solbsten hergeben / empfangen... 26 fl 35 x

Pfarrhof Türkheim:... **Michael Stiller gibs: Und Maurermaister ztu ,Ettringen,** hat durch seine Leuth dis arbeit verferttigen lassen, mithin Hieronimusen Lündtner von Amberg, ab darmit zuegebrachten 5 Tägen a 24 x vermög der Beilag guet gethan werden miessen 2 fl

Item Hansen german Maurers von Türckheimb gleichfahls uf 5 Täg wie obige Lündtner melt.. 2 fl

1733

...1685 Neuerpauther 14 Söldhäuser, xn Stüft, Hofstatt züns und kuchendienst als bey... Michael Sedele 18 x 5 hl
**Dominicus Berkhmiller Schreiner** der ohrten hat vorgedachten Casten zur aufbehaltung der AmbtsRechnungen

mit 4. Gättern ferfertiget und darfür 2 fl 15 x dan vor einen Neuen Schreibstockh und anders auch 25 x in allem also empfangen 2 fl 40 x

Als man anheuer auf den ienigen gang, wo man von dem Schloss in die Capuziner Kürchen hinumb gehen kann, ein Tram völlig abgefault: und ein stuckh von dem gepflasteren Poden durchgefallen, .....

dem garttners Martin leopoldt Jägers besoldtung...

Ausgaben für den Pfarrhof:...**Michael Stiller gibs: und Maurermaister zu Ettringen,** hat anheuer mit seinen und habenten gesöllen im Pfarrhof ausgewiesen, das gibswerkh ausbeseren, auch ein ein Brunnen raumben lassen mithin .... 4 fl 17 x 4 hl

1734

...1685 Neuerpauther 14 Söldhäuser, xn Stüft, Hofstatt züns und kuchendienst als bey... **Michael Sedele** 18 x 5 hl

1735

...1685 Neuerpauther 14 Söldhäuser, xn Stüft, Hofstatt züns und kuchendienst als bey... Michael Sedele 18 x 5 hl

Michael Stiller gibsmaister zuvor Herr Pfarrer aldort gibt Jährlich aus dem ambtsfaten an bestendtigen grasgelt 30 x **Severin Buder Bildthauer zu Babenhausen,** welcher vorher zu Türckheimb ansessig gewest, hat sein alda bessesenes **Haus verkauft und ist nacher obgemelten Babenhausen gezogen** welcher darumb dahin gebracht 175 fl: die Nachsteur gutgethan per 17 fl 30 x

**Michael Stiller Maurermaister, Melchior Hertrich: und Hans glaz,** seint ebenfahls in der 11. Stundt Nachts im Würthshaus Ettringen Zechent angetroffen: mithin die erstere 2., weillen an strafen auch schon pr: 30 x diser Ursach willen sunetiert worden, ihnen aber solche starf keine Wahrnung sein lassen,

dermahlen ieder per: 1 fl der dritte aber so heur erstmahl betretten worden umb 15 x zusammen also....
**Michael Settele Schreiner** alhier zu Türckheimb hat anheur mit widerumbiger hinaufmachung einiger im schlos herunder gefallenen defers verfertigung und ausbesserung etwelcher fenster ramben und derlei Länden, Thürgerichter: und dergleichen....9 fl 55 kr

1736
...1685 Neuerpauther 14 Söldhäuser, xn Stüft, Hofstatt züns und kuchendienst als bey... Michael Sedele 18 x 5 hl folgenten Inwohnern an dienstgelt eingebracht ...**Andreas Berckhmiller 45 x** [24]
Wegen das **Michael Stiller Maurermaister zu Ettringen** zum öftern spatten zechen will über die erlaubte Zeit, Zechent angetroffen...2 fl
An Rauchfang Strafen....**Bey Dominicus Berckhmüller**, Schreiner alda, somit in erst und anderter besichtigung Hobl Späer: und Stro negst beym ofenloch erfunden... 45 fl
Ausgaben für **Michael Settele**....

1737
...1685 Neuerpauther 14 Söldhäuser, xn Stüft, Hofstatt züns und kuchendienst als bey... Michael Sedele 18 x 5 hl folgenten Inwohnern an
Nitweniger hat man von nachfolgenten Inwohnern an dienstgelt eingebracht...**Andreas Berkhmiller ist hinweckh gehzogen** also alda mehr anzusezen ---
**Michael Settele** in dem Neupau auf dem obern gang....insgesamt 2 fl 20 x
Türkheimer Pfarrhof: **Dominicus Berkhmiller Schreiner** zu bemeltem Türkheimb hat nitweniger 2. Neue Thüren in denen

---

[24] fehlt 1735, kommt erst jetzt wieder vor!!!

Pfarrhof gemacht auch selbe Silber=farb angestrichen, darfür man ihme guetgethan 2 fl 10 x

**1738**
...1685 Neuerpauther 14 Söldhäuser, xn Stüft, Hofstatt züns und kuchendienst als bey... Michael Sedele 18 x 5 hl folgenten Inwohnern an

**1739**
...1685 Neuerpauther 14 Söldhäuser, xn Stüft, Hofstatt züns und kuchendienst als bey... Michael Sedele 18 x 5 hl folgenten Inwohnern
**Martin Pürckh, seiner Profeßion ein Bilthauer, von Türckheimb gebürttig,** derweillen aber zu **Wien** in arbeit stehet, hat an dessen lauth vorgehenter Rechnung folio 30 x zuersuechen gehabt
**Dominicus Perckhmüller Schreiner** alhier hat die Schreibtafl: und bult in der Schreibstuben ausgebessert, auch sonsten das ganze Jahr hindurch verdient und vermög der Beilag 3 fl 42 x
**Joseph Hafner M**allern von ermelten Türkheimb, hat man anheuer von vergangenen oder vom Wetter ruinirten 3 Sonnen Uhren im ‚Schloss a 30 x zu renovieren ...1 fl 30 x

**1740**
...1685 Neuerpauther 14 Söldhäuser, xn Stüft, Hofstatt züns und kuchendienst als bey... Michael Sedele 18 x 5 hl folgenten Inwohnern an
**Dominicus Perckhmüller Schreiner** derohrten, hat diss jahr sowohl im Schloss, als auch auf denen Getraydt Pöden underschidlich ins verdienen gebracht... 4 fl 4 x
**Michael Stiller Gibs: und Maurermaister zu Ettringen**, hat ermeltes dach auf gedachtem Zechent Stadl durch seine Leith: und gesöllen umbgeschalgen lassen ...seinen Verdienst ab einen dabey zuegebrachten Tag empfangen 30 x

1741
...1685 Neuerpauther 14 Söldhäuser, xn Stüft, Hofstatt züns und kuchendienst als bey... Michael Sedele 18 x 5 hl folgenten Inwohnern an
**Michl Stiller Gübs und Maurermaister von Ettringen** hat Josephen Vorster auch Zimmermaister der ohrten, als sye zu ostettringen nebenenander in arbeith gestanden, aus übereiltem Zorn S:V. Schelmen geschmecht, mithin man ermelten **Stiller**, weill er selbsten eingestanden, das Er vorgemelten Vorster nichts Unehrliches wisse neben Exosicio aufgehebte Inicuri und entreichtung der ghetsgebühr weg 1 fl 30 x
**Dominicus Perkhmüller, Schreiner** der ohrten hat anheuer 1 neues Schreibbult in der Schreibstuben, weiters dahin 2 dinten Vas und 2 strähpigenn gemacht, auch mit ausbesserung ainiger fensterramben und in .... 4 fl 19 x

1742
Nit minder fahlen iährlich von denen mit gdister Herrschaft bewilligung, seith ao 1685 neu:erpautten 14 Söldhauseren an Stift Hofstatt züns: und kuchendienst des bey... Michael Settele 18 x 5 hl...**Matheis Hafner Mahler** 11 x 5 hl
Von **Michael Stiller gibsmaister** würdtet alle Jahr aus dem Ambts gartten zum bestendigen grasgeld verraicht 30 x
Schloß: **Dominicus Perckhmüller Schreiner** alhier zu Türkheimb hat anheuer mit verfertigung 7. neuer Kisten, zu hinwenkhführung ainiger Schreiberei sachen wegen der feintlichen einföl 4 täg verwendtet und vonnethalb a 24 x: zu seinem Verdienst inhalt beigebogener Verzaichnus erhalten 1 fl 36 x
Sein gesöll in ermelter Verrichtung auch 5 täg zuegebracht und macht sein verdienst a täglich 20 x   1 fl 40 x

Mehr hat **ersagter Schreiner** von mach: und anstreichung eines Schreibbuldts empfangen 1 fl 15 x

Weilerumben hat derselbe in dem Schloss im Neupau in denen zimmern die täfer fentserramben auch anders mehr ausgebessert: unnd darmit 5 täg consumiert, deswegen ihme zu bezahlen gewest 2 fl

In ermelter arbeith hat auch sein gesöll 5 täg ins verdienst gebracht und trifft sein taglohn a 20 x   1 fl 40 x

Mehr hat **gedachter Küstler** ein verschlag zu einsendtung der 1740 ambtsrechnungen gemacht, und ist ihme darfür bezalt worden 24 x

...

**Caspar Hörtrich** im Monath Juli 4 täg hingelegt im Schloss

...

**Michel Settele** Schreiner zu Tirkheimb hat anheuer ingleichen 12 starke Kisten zu einmach: und hinwegführung der regisgtratur sachen verferttiget und ob 3 täg sag ...a 24 x zu seinem taglohn erhalten   1 fl 12 x

Dessen gesöll hat ebenfahls 3 täg dabei gearbeithet und trift sein taglohne a 20 x   1 fl

Festerstöck ausgebessert... 4 fl

nitweniger sein gesöll ...15 täg 5 fl auf denen getreidtpöden 8 tachfenster ... 1 fl 36 x

sein Schreiners Lehrjung ingleichen 10 täg verwandtet... 2 fl

1743

Nit minder fahlen iährlich von denen mit gdister Herrschaft bewilligung, seith ao 1685 neu:erpautten 14 Söldhauseren an Stift Hofstatt züns: und kuchendienst des bey... Michael Settele 18 x 5 hl...Matheisen Hafner Mahler 11 x 5 hl

Von **Michl Stiller** gibsmaister würdtet alle Jahr aus dem Ambts gartten zum bestendigen grasgeld verraicht 30 x

1744

Nit minden fahlen iährlich von denen mit gdister Herrschaft bewilligung, seith ao 1685 neu:erpautten 14 Söldhauseren an Stift Hofstatt züns: und kuchendienst des bey... Michaeln Settele 18 x 5 hl...Matheisen Hafner Mahlre 11 x 5 hl
Von Michl Stiller gibsmaister würdtet alle Jahr aus dem Ambts gartten zum bestendigen grasgeld verraicht 30 x
Schloß: **Michael Settele schreiner** daselbst hat auf denen getraidtBöden 6 neue fenster rhamen,...36 x
**Dominicus Perckhmüller** auch Schreiner daselbsten hat eine Neue Bücherstellen und stafley dann mehrers mehr verferttiget... 3 fl 39 x
MaisterJägers zu Schwabegg wohnung...**Michl Stiller Maurermaister zu Ettringen** hat solche arbeith durch seine gesöllen verferttigen lassen, mithin .... 14 tägen a 24 x zu seinem taaglohn zu bezahlen gewest 5 fl 36 x

1745
Nit minden fahlen iährlich von denen mit gdister Herrschaft bewilligung, seith ao 1685 neu:erpautten 14 Söldhauseren an Stift Hofstatt züns: und kuchendienst des bey... Michael Settele 18 x 5 hl...**Matheisen Hafner** Mahler 11 x 5 hl
Von **Michael Stiller** gübsmaister würdtet alle Jahr aus dem Ambts gartten zum bestendigen grasgeld verraicht 30 x
Schloß: **Dominicus Perckhmüller** Schreiner der ohrten, hat mit seiner Handtirung, an underschietlicher arbeit: und ausbesserung ingleichen ins Verdienen gebracht... 6 fl 43 x
...
Da von sogenanten der **S: Bennonis Capellen** zuegelegten Tobias güetl, kombt auch in abgang 30 x

1746
Nit minden fahlen iährlich von denen mit gdister Herrschaft bewilligung, seith ao 1685 neu:erpautten 14 Söldhauseren an

Stift Hofstatt züns: und kuchendienst des bey... Michaeln Settele 18 x 5 hl...Matheus Hafner Mahler 11 x 5 hl
Von Michael Stiller gübsmaister würdtet alle Jahr aus dem Ambts gartten zum bestendigen grasgeld verraicht 30 x
Rauchfangstrafen: Des **Michaeln Setteles Schreiners** alda Camin, hat in der vierten beschau unsauber bezeigt dahero selbiger punctiert worden umb 45 x
Ausgabe Schloss: **Michael Settele** Schreiner alhier, hat anheuer mit seiner handthierung eins verdienst eingebracht... 2 fl 56 x

1747
Nit minden fahlen iährlich von denen mit gdister Herrschaft bewilligung, seith ao 1685 neu:erpautten 14 Söldhauseren an Stift Hofstatt züns: und kuchendienst des bey... Michaeln Settele 18 x 5 hl...Matheis Hafner Maller 11 x 5 hl
Von Michael Stiller gübsmaister würdtet alle Jahr aus dem Ambts gartten zum bestendigen grasgeld verraicht 30 x
Schloß: **Michl Settele** Schreiner dis ohrts hat heuer mit seiner Handtierung mit ausbesserung der getraidt böden und in anderweg verdient... 4 fl 36 x
Pfarrhof: **Michl Settele** Schreiner dahier hat von dickhen lädten 2 neue Thürgerichter gemacht, die alte Thürn eingericht, in dem wohnzimmer einen Neuen Boden gelegt, und die seithenwandten halb gebessert mithin dabei im Monath Juny 3 täg gearbeithet woraus sein taglohn a 24 x beweis anligender Verzaichnus macht 1 fl 12 x
dessen gesöllen lohn macht auf 7 täg a 22 x   2 fl 34 x.
Mehr 3 gesöllen ieder 3: macht 9  täg a 20 x ....3 fl
Vore 2 dickhe Lädten zu denen Türh gerichtert a 30 x wurde ermelten Schreiner auch bezalt 1 fl

1748

Nit minden fahlen iährlich von denen mit gdister Herrschaft
bewilligung, seith ao 1685 neu:erpautten 14 Söldhauseren an
Stift Hofstatt züns: und kuchendienst des bey... Michaeln
Settele 18 x 5 hl...**Matheis Hafner Maller** 11 x 5 hl
Von Michael Stiller gübsmaister würdtet alle Jahr aus dem
Ambts gartten zum bestendigen grasgeld verraicht 30 x
Schloß: **Michl Settele** Schreiner aldorthen hat gleichfahls mit
seiner Handtirung verdient 34 x

1749
Nit minden fahlen iährlich von denen mit gdister Herrschaft
bewilligung, seith ao 1685 neu:erpautten 14 Söldhauseren an
Stift Hofstatt züns: und kuchendienst des bey... Michaeln
Settele 18 x 5 hl...**Matheis Hafner Maller** 11 x 5 hl
Von **Michael Stiller** gübsmaister würdtet alle Jahr aus dem
Ambts gartten zum bestendigen grasgeld verraicht 30 x
Es hat zwar **Michl Settele** ingeheis von Conratshofen die
Magdalena Dempfin Päurin und Maria Schmidtin millerin
beed drohrten, darumben Clagbahr vorgenommen, weill die
bede nemblich die dempfin und Schmidtin beclagten Eheweib,
als ob Sye die Khüe uf der Waydt ausmelcken thetten,
Schloss: **Michael Settele Schreiner** zu widerholten
Türckhamb hat voranheur vor unterschidlich in die
SchreibStuben verferttigte sachen und in anderweg mit seine
handwerck verdient... 6 fl 50 x

1750
Nit minden fahlen iährlich von denen mit gdister Herrschaft
bewilligung, seith ao 1685 neu:erpautten 14 Söldhauseren an
Stift Hofstatt züns: und kuchendienst des bey... Michaeln
Settele 18 x 5 hl...Matheis Hafner Mahler 11 x 5 hl
Von Michael Stiller gübsmaister würdtet alle Jahr aus dem
Ambts gartten zum bestendigen grasgeld verraicht 30 x

Schloß: **Michl Settele Schreiner** zu Türkheimb hat 2 verschlagl zue denen ambts Rechnungen nacher München zu führen verfertiget und in der Hofstallung die fenster Rammen ausgebessert... 1 fl 44 x

1751
Nit minden fahlen iährlich von denen mit gdister Herrschaft bewilligung, seith ao 1685 neu:erpautten 14 Söldhauseren an Stift Hofstatt züns: und kuchendienst des bey... **Michaeln Settele** 18 x 5 hl...**Matheis Hafner Mahler** 11 x 5 hl
Von Michael Stiller gübsmaister würdtet alle Jahr aus dem Ambts gartten zum bestendigen grasgeld verraicht 30 x

1752
Nit minden fahlen iährlich von denen mit gdister Herrschaft bewilligung, seith ao 1685 neu:erpautten 14 Söldhauseren an Stift Hofstatt züns: und kuchendienst des bey... **Michaeln Settele** 18 x 5 hl...**Matheis Hafner Mahler** 11 x 5 hl
Von Michael Stiller gübsmaister würdtet alle Jahr aus dem Ambts gartten zum bestendigen grasgeld verraicht 30 x
**Hans Michl Hegenauer leediger Bildthaurs gsöll von Pfuellendorf gebürttig** dermahlen aber bey **seinem brueder Wilhelmb Hegenauer Bildthauer** in diensten hat Magdalena Pöckhin leedige Söldners Tochter zu Türckheimb umb ferttige Jacobszeit im sogenannten Eyla, ausserhalb Türkheimb in der redo: unlautterkeit eines kündts geschwängert;
hinmahlen es nun bey beeden das erstemahlige verbrechen als seynt Selbe denen manirt gdisten gralis und zwar der Hegenaur so: 3 Pfunden und 8 Tag in Eisen, dessen anhang hingegen pr: 2 Pfunden und 4 Tag in der geigen nebst beeden erthailt ernstlichen verweis gestraft worden pr 5 Pfund so dessorths in Verrechung bringen 5 fl 42 x 6 hl
Schloss: **Michl Settele Schreiner** derorthen hat die Ersten Stöckh und derbey Rammen in denen Commisions zimmer

aus gebessert 3 Neue Schreibpulter, dann 2 Schreibzeug und 2 Strähe [Streu-] Pixen vor gemelte lobl: Commission gemacht und mehr ander Schreiner arbeith verferttiget... 8 fl 38 x
Pfarrhof: Der **Schreiner Michl Settele** von bemelten Türckheimb erhaltet vor die zu denen Creuz-Stöckhen hergegebenen 9,5 Schuech Remling a 2 x 3 fl 10 x vor 260 Schuech Ramenholz a 6 hl 3 fl 15 x vor 5 bröder a 10: 50 x und vor 20 Taglohn welches dessen 2 gesöllen mit verferttigung gemelter Creuz-Stöckhen ins verdienen gesezet haben a 22 x 7 fl 20 x in allem 14 fl 35 x

1753
Nit minden fahlen iährlich von denen mit gdister Herrschaft bewilligung, seith ao 1685 neu:erpautten 14 Söldhauseren an Stift Hofstatt züns: und kuchendienst des bey... Michaeln Settele 18 x 5 hl...Matheis Hafner Mahler 11 x 5 hl
Von Michael Stiller gibsmaister würdtet alle Jahr aus dem Ambts gartten zum bestendigen grasgeld verraicht 30 x
Sonderbahre Einnamb: **Wilhelm Hegenauer Bildhauer** 1751 Stift und HolzGeld ist bezalt worden mit 25 fl 55 x
**Paul Gedler und Joseph Klughammer beede Schreinermaister** haben....Schreinerarbeiten im Schloss 11 fl 12 x
**Dominico Berckhmüller Schreiner** zu Türckhamb wurde vor die für die **Hofpaumaister** gemachte 4 zaichnungspretter 2 fl dann vor die mäss od weglatten und Lional 15 x sohin 2 fl 15 x

1754
Michl Settele ....18 fl 5 x
Mathias Hafner Maller ...11 fl 5 x
Michl Stiller gipsmaister gibt jährl: aus dem ambtsgartten zum beständigen grasgelt 30 x

**Christoph Reitter Bildhauers Sohn**, Paulus Schistmann und Franz Sylvery Klelle Sailler Naglschmid, Michl Ender Schlosser, **Dominicus Perckhmüller** Schreiner sammentliche zu Türckhamb haben den 17te. Febr: im herum fahren vom zohl haus [Zollhaus] nach 9 Uhr beständig Ju und Hai geschryen...Strafe: 1 fl 25 x 5 hl
Einnamen aus herrschaftl. Ziegelstadl .... 30 x
Von dem der **St: Bennonis Cappelln** zugelegt

1755
Michl Settele ... 18 fl 5 x
Mathias Hafner Maller... 11 fl 5 x
Michl Stiller gipsmaister gibt jährl: aus dem ambtsgartten zum beständigen grasgelt 30 x
Gemes Verzainus seynht **Dominicus Perkmüller** Schreiner zu Türckhamb et Cons: nit nur allein fensterRammen wegen Machung der . 32 fl 15 xNeuen Creuzstückh, Veld Tisch, und dergleichen verdiente Taglöhner sondern auch was derselbe zu Haus verferttiget wie auch die beygeschaffte Prötter und Remmling so anders bezalt worden 132 fl 28x
**Michael Settele** auch Schreiner dissorths hat ebenfahls gros: und cleine fenster stockh verferttiget und ? die Remling aus aichen und frichene Bröd abgefolgt... 15 fl 54 x
Joseph Schorgg und Joseph Paus beede Schreinermeister zu Ettringen vor 18 Neu verferttigte Böttstätte.

1756
Michl Settele ... 18 fl 5 x
Mathias Hafner Maller ... 11 fl 5 x
Michl Stiller gipsmaister gibt jährl: aus dem ambtsgartten zum beständigen grasgelt 30 x
**Michael Settele** Schreiner dohrten erhielt umb den hierzue gemachten Verschläg 1 fl 15 x

Besagter **Settele** hat auch wegen der im oberJäger haus ao 1753 undersc? verrichtetet arbeith... 12 fl 22 x

1757
Michl Settele ... 18 fl 5 x
Mathias Hafner Maller ...11 fl 5 x
Michl Stiller gipsmaister gibt jährl: aus dem ambtsgartten zum beständigen grasgelt 30 x
**Dominicus Bergmüller** Schreiner alhier ist anligenter Conto dessen Verdienst im Schloßgepäu pro ao 1756 entrichtet worden 8 fl 50 x
Besagter **Bergmüller** hat auf die Ankunft des Hofs[25] verschaidentl: Tafl Tisch und pänckh thails neu verfärttiget und theils repariert... 17 fl 12 x
**Dominico Bergmüller** Schreinermaister seynt für verförttigt gross und kleine fensterstöckh dann Thüren zur untern Camer ...21 fl 37 x
und demselben weitters für die verförttigte fensterläden... 2 fl 28 x
Pfarrhof: und dem **Maller Bernhard Hafner** für 30 Pfund Leinoehl a 9 x   4 fl. 30 x und das anstreichen 6 fl thuet zusammen vi nebenlag 10 fl 30 x

1758
Michl Settele ... 18 fl 5 x
Matheis Hafner Maller ...11 fl 5 x
Michl Stillergipsmaister gibt jährl: aus dem ambtsgartten zum beständigen grasgelt 30 x

1759
Michl Settele ... 18 fl 5 x
Matheis Hafner .... Maller 11 fl 5 x

---

[25] Anscheinend weilte damals der Münchner Hof im Schloß in Türkheim.

Michl Stillergipsmaister gibt jährl: aus dem ambtsgartten zum beständigen grasgelt 30 x
**Michael Niggels Wittib**.....

1760
Michl Settele … 18 fl 5 x
Matheis Hafner Maller … 11 fl 5 x
Michl Stiller Gibsmeister iezt dessen **Söhne Hans Adam und Martin Stiller** geben jährl: aus dem ambtsgartten zum beständigen grasgelt 30 x
Demnach die Nothwendigkeit erfordert die verhanden alte Registraturs Cästen theils tüeffer machen und thaills die verfaulte Wandprötter wider erneuern darneben auch 111 Neue Schubläden hierzu verförttigen zu lassen, damit die AmtsRegistratur in ordnung gebracht werden können. So hat man auf erlanget und in originale beyfündtige gdisgiste HofCammercertification vor diese arbeit dem bürgerl: Schreiner alhier **Domincus Bergmüller**, Gegen schein vergüettet 47 fl 36 x

1761
Michl Settele … 18 fl 5 x
Matheis Hafner Maller … 11 fl 5 x
**Hans Adam und Martin Stiller** geben.... 30 x
**Andree Strobl orglmachers Sohn** zu Türkheimb thett an heurigen S: Martini Tag in der Unteren Taferne....

1762
Michl Settele … 11 fl 5 x
Matheis Hafner Maller …11 fl 5 x
Hans Adam und Martin Stiller geben.... 30 x
Schloß: **Dominicus Perckhmüllern** Schreinermaister hat 3. FensterStöckh samt denen Rammen Neu verferttiget auch

andere nothwendtige arbeith und ausbesserungen sowohl auf dem oberen: als Unteren Schlössl Kasten dann Thorwarthes= Wohnung und WaschKüchel vorgenommen und zu seionem Verdienst inhalt der Verzaichnuss erhalten 23 fl 15 x

**1763**
**Paul Gedler schreiner** in Türkheim ist seinen zweyen in die Kloster Wöspach und HörmannsPerg gegangenen Töchtern annoch 400 fl in Zülleren hinans zu bezallen schuldig 40 fl **Felix Stiller Maurermaisters Sohn** zu Ettringen und nunmahliger Bierzäpfler zu Wien hatte zwar vigore briefs dat: 28ten Merzen ao 1760 bey seinem Bruder **Martin Stiller** zu besagten Ettringen über anfertten erhalten 200 fl noch 90 fl 56 x zu suechen. Nachdeme aber besagter Felix Stiller gemelt seinem Bruder an obigen 90 fl 56 xr freywillig 40 fl 56 x nachgelassen als würtet nur mehr von denen hinaus gezogenen 50 fl die Nachsteur verrechnet mit 5 fl
**Paulus Gedler** schreinermaister in Türckheimb hat alle Nothwendigkeiten an Taflen, Tischen, Pänckhen Pöthstätten auf die ankompft **dess Churfürstl: Hof Staabs** vorbereitet und in brauchbahren stand hergestellt, auch die Latten zu denen Pallieren aufgemacht und diss alles nach beschechenem abzug des Hofs widerumben ordentlich aufgeraumbt nitminder anderer Repartiones an Thüren Fenstern, Läden und dergleichen Vorgenommen, sohin verdient 40 fl 33 x
**Matheisen Hafner Mahler** dissohrts wurde vor anstreichung eines Fensterstockhs sambt denen Rammen und Laden jtem renovierung 2er Rammen und 2er Landtschäfflen voigore beylag gezalt 1 fl 56 x

**1764**
**Michael Settele** Schreiner hat 2 neye DachLatterl gelifert vor 44 x

**Hans Adam Stiller Hafner** zu Ettering hat erhalten um willen Er im unteren Schlössl einen Kleinen Neyen ofen aufgesezt 2 fl 31 x

Und **Josephen Keller Scharfrichter** zu **Mindelheim**, so vom Medico ...

**Johann Dillnau Maurmaister zu Ettering**[en] hat aufm hundtszwinger alldorthen....

**Paul Gedler** Schreiner empfangt vor ausbesserung der Vögl gätter 15 x

1765

**Bruder Matheis Stiller** ab denen dahin gezogenen Baares geld 10 fl

**Paul Gedler** Scheiner hat vor machung eines Verschlag zu denen Lager und Vormerkungs=Büchern...40 x

Ferner **Paulus Gedler** Schreinermeister hat im Anbau am grossen Schloß zu ebener Erden 6. KreuzStöck neu hergestellet auch soviel Fenster Läden gemacht und die alte ausgebessert ....7 fl 48 x

**Dominicus Bergmihler** Schreiner thette mit machung neuer böthstätten tafltischen, Clayder Cammern zum Verdienst erhalten 24 fl 13 x

1766

**Paul gedler Schreiner** derorten und die im Schloß vorgenohmene verschiedene Reparationen 24 fl 18 x

**Bernhard Hafner Unterer Maller** empfingen für Renovirung 4. Blindfenster 2 fl

und **Matheis Hafner oberer Maller** wegen anstreichung eines Neuen Kreuhz Stoks im Unteren Schlösl 1 fl

**Bernhard Hafner Maler** hat einen grundriß der grafschafts **Schwabeck** verfertigt und sag Scheins empfangen 1 fl 30 x

**Joseph Stiller** Maurmaister zu Ettringen sind wegen Neue eindeckung der Tachung gegen Mitternacht am Maister Jäger

Haus zu Schwabeck und ausbesserung der seiten gegen Mittag an Taglöhnen und Sandwerfen auch diesen zu führen bezalt worden 10 fl 32 x 2 hl

**1767**
**Bernhard Hafner Mahler** für das anstreichen [des kleinen Schlössls] 6 fl 54 x
Dem Schreiner **Dominicus Bergmüller** für seine Arbeit (am kleinen Schlösl) 2. fl 2 x
Entstehendten Schreiner **Bergmüller** müste um einen halben Fensterladen dan einen registratur Kasten abzunemen und für eine ausbesserung der Stieg im Schlössl bezalt werden 42 x
Demnach von der Churfürstl: Haus Kammerey in München die Tagetten alhero geschicket worden, womit der Speis Saal alhier gezieret werden müssen. so sind mehrer gedachter Schreiner **Bergmüller** wegen gemachten Neuen Lamberyen hergegebenen 9 Bretter 7 fl 46 x dann um die neu gemachte 2. Comod Kästen zur Unterbringung deren Churfrtl: LeibsKleydung 18 fl mithin bezahlt worden 25 fl 46 x
**Matheus Hafner Mahler** alhier hat die Manbergen Selberfarb angestrichen mit Laubwerckfarben und Mettall ausgezieret auch 5. Thüren im Hauptschlos Silberfarb angestrichen und zu seinen Verdienst erhalten 18 fl 30 x
**Paul Gedler** Schreiner hat in das Churfrtl: Schloß und zugehörige gebäu zu den neue FenterLäden dabey Rammen, Tisch und mehr andere Nothwendikeits hergestellet, hierfür aber eingenohmen 44 fl 31 x
Wegen Hauung der Mayen auf das Cporporis Christi Fest[26] .30 x

---

[26] Das Corpus-Christi-Fest fand in Türkheim am Sonntag nach Fronleichnam statt. An diesem Tag fand auch die „kleine Prozession" statt. Am Straßenrand wurden Bäumchen, sog. Mayern, aufgestellt.

**Bernhard Hafner Mahler** erhielt wegen decopierung eines aus handen des Herrn **Hofrath Lori** überkommenen Hochstift augsburl: StrassVogteyPlans 45 x

1768
Zur neuen überziehung der Bethstüllen in denen oratorien der Kapuciner HofKirchen und Lauretanischen HofKapellen auf das Heiligsprechungsfest des **Bruders Deraptini**, hat Johann Weikhard Handelsmann alhier ...Stoff...    4 fl 58 x 2 hl
**Paul Gedler** Schreiner empfing um verschiedentlich sowohl Neue als Flickarbeith in dem Chrufl: Schlosgebäude, worunter obberührte Thür begriffen ist 11 fl 44 x
**Matheus Hafner Mahler** wurden für Anstreichung 7. Zimmer und 6. EinschirThüren im Hauptschlos a 4 fl et 20 x accordmässig bezalt 30 fl
Auf **ableiben Adamen Stillers** gewesten Hafners zu Ettringen haben dessen hinterbliebene Kinder vielmehr die über Selbe gesezte Vormunder vieler Schuldenhalber an **Joseph Stiller Maurermeister** daselbst das gediste Herrschaft. bestandbahre halbe Amtsgüttl mit 6 ¼ Jauchert acker und 1 Tagwerk grasgartten verkauft, wovon die andere Halbscheid mit 5 ¾ Jaucherts Schuld und 1 Tagwerk **Martin Stiller** besizt. Es ist also von Joseph Stiller nach dem von zwey unpartheyisch Männer besehen anschlag der 447 fl der bestand eingezogen worden mit 44 fl 42 x

1769
Und als das erst anferten neu erbauete Hauptjoch durch die gewaltige Gewässer, welches die grösten Bäume mit sich geführet, hinwek gerissen worden...neu
**Dominicus Bergmüller** Schreiner verferttigte zur Schwabeckischen Registratur einen Neuen Kasten von 9 Schuh lang, 8 hoch samt einem Aufsaz allenthalben mit 28

Schubläden, und erhielte hierfür inc.: des beygeschaften Holzes und anstreichens 16 fl
Ferners auf einen alten derley Kasten noch einen Neuen aufsaz vor 6. Schubladen und einer buchstehlen zu machen, auch diesen Kasten mit einer Neuen Rückwand zu versehen, auszubessern und anzustreic hen 6 fl

1770
In dem Gang, worüeber man vom Schlos in die Kapuziner Kürche gehet, war das zieglPflaster an einigen Plätzen aufzuhöhen.
**Dominicus Bergmüller** Schreiner empfinge für doppelte Verkleydung der Thür, und die Steigenlainen1 fl 12 x
Item für machung 5 Neuer Thürverkleydungen in dem Neubau 1 fl 40 x
Schloss: Wie des vom Maurermeister **Joseph Stiller** zu Ettringen, welcher mit seinen Leuthen zur neuen Kastendachreparation beygezog worden, ausgestelten Zötls, haben seine gesöllen mit Reparirung des ZieglPflasters 4 Taglöhne verdient und mithin aus der ghrtsCaßa empfangen a 22 x   1 fl 28 x
**Dominikus Bergmüller** Schreiner hat 18 kleine Tischeln und zwey anstosse Tische in das Tafelzimmer, wozu Er das Holz hergebgeben, verferttiget, .....
**Matheus Hafner Maller** dorthen wurde zu anstreichung deren Thüren im HauptSchlos gebraucht womit ao 1766 der Anfange gemacht worden...Laut Rechnung sind angestrichen worden
1766 3 halb Thürn
1767 3 grosse und 2 halb Thürn
1768 7 grosse und 6 Eischür Thüren
1769 6 grosse 1 halb und 4 Eischür thüren
und für heuer, näml: ao 1770 bleiben noch übrig 14 grosse 4 halb: und 3 Eischenhür Thüren

Womit alle Thüren gleich Silberfärbig gebuzt worden sind.
Es empfinge demnach **gedachter Maller** für seine heurige Arbeith vermög anschlüssig Scheina nämlich um 14 grosse a 4 fl  56 fl: dan um 4 halbthüren a 2 fl 20 x 9 fl 20 x – und für 3. Eischür Thürn  a 20 x 1 fl in Toto also 66 fl 20 x
Unteres Schlössel: **Dominicus Bergmüller** Schreiner alhier hat in die SchreibStube 2 Neue bänke verferttiget, damit die von dem Lande herein kommenden Unterthannen hirauf sitz: und anspruch können, vorfür Ihme bezalt worden 40 x
So empfing derselbe für eine dahin gemachgte Bücher Stellen uner einen Tisch 30 x
Ferner mitls unterschlagung der Bücher Stellen auf 6 Registratur Kästen 54 x: Für die zur SchreibStube gemachte Neue Thür und derselben anstreichung 1 fl 15 x dan Sollung 2 fensterStücken und ausbesserung der Rammen in der Gesind Stube 1 fl 8 x
**Michael Settele** Schreiner zu Türkheim wurde der Schaden ersetzt um das Ihme ein leiblach einigermassen verbrannt worden mit 30 x

1771
Als sich der beruffene **Wilderer der Bairische Hiesl im Monath Jänner** samt seiner Kammerathschaft in hiesiger gegent öfentlich gezeuget, ist nicht nur bey den gerichtern Mündlheim und Landsberg, sonder auch der in letzten orth sich befundtenen Confin Wacht Inspection nachricht gegeben worden, um durch Straifen zur einfangung die Hände zu bitten, westwegen Johann Kürchener Gerichtsboth Laut dreyer liferzeteln an bothenlohn erhalten 1 fl 31 x 2 hl
Weitters hat GerichtsBoth inhalt anligender Verzeichnis an Laufgeldern, in Wildschützen sachen verdient und eingenommen 1 fl 256 x
Unteres Schlössl: Dem **Schreiner Bergmiller** wurde um eine Bücherstellen in die Schreib Stube bezalt 54 x

1772
**Dominikus Bergmüller** Schreiner zu ersagtem Türckheim fertigte seinen **nach Krumbach verheurathen Sohn Johann** mit 100 fl ab und entrichtet 10 fl
Schloss: **Dominikus Bergm**iller Schreiner um arbeith an denen Thüren und Fenster Rammen im Anbau 3 fl 6 x

1773
**Joseph Aurbacher Naglschmid** alda...

1774
**Franz Joseph Kleinhenne** oberjäger...
Kastenwamtwohnung: **Dominicus Bergmiller** Schreiner beister alhier zu Türkheim thäte in der Kastenamts Schreibstuben einen unterschlag mit gätter und thür verfertigen, dann an einen Kasten ein neue rückwand gemacht und silberfarb. anstreichen auch neues gestöll zu stande bringen, worinnen ...ersteren unterschlag unterschiedliche amtsNothwendigkeiten separiret und verpörret auch einige gelder in dem gestell aber die Rechnungen aufbehalten werden können... 6 fl 51 x

1775
Kastenamtswohnung: Um das **Dominicus Bergmiller** Schreinermeister alhier die samentliche Fenster Kreuzstücke dann Rammen und fentserläden der nothdurft nach ausgebessert wurde demselben ab demen hiermit zugebrachten 19 ½ Tägen a 24 x...7 fl 48 x

1776
Ausgaben: **Ferdinand und Martin Stiller** zu Ettringen einsteinigen ebenstal nur herbeygeschafft 1000 ganze Steine 10 fl 40 x

**Ferdinand Stiller Maurermeister** zu Ettringen hat 60 Täg 2 Maurergesellen in der 46. thut 92= und ein Handlanger auch 46 Täg ins verdienen gebracht und a 24  22= et 18 x nebst des Sand schisserlohn a 2 fl 54 x empfangen 74 fl 26 x

1777
**Karl Bergmiller** Schreiner alhier thätte die neue Kreuzstöck verfertigen (für den Pfarrhof) und die alte ausbessern 33 fl 25 x

1778
Ausgaben Schweig gebäude
**Ferdinand Stiller Maurermeister** zu Ettringen hat mir seinen Gesellen das Dach übergangen und ausgebessert dan 6. Neue Fensterstöck eingemauert so andere arbeith verrichtet 130 fl 16 x

1779
**Karl Magnus Bergmiller** Schreiner alhier, erhaltet hür den Neu gelegten Stuben Boden samt beygeschaften Brettern 8 fl 22 x [in der Amtswohnung]

1780
**Ferdinand Stiller Maurermeist:** zu Ettringen, hat wegen Umschlagung bemelten Dachs an Taglöhnern zeig Beyschlag erhalten 16 fl 34 x (Amtswohnung)
**Franz Joseph Settele** Schreiner daselbst für ein neu gemachte Bücher oder Rechnung Stellen dan von ausbesserung des großen Registratur Kasten.....4 fl 6 x
Der ao 1661 erbaute zieglBrenofen wäre heuer größtentheils zusammen gefallen, deswegen der hiemit folgend gdiste Ratifications-Befehl vom 8. May 1780 nach vorgegangen Underthänigster einBerichtung zu nothwendiger remedir und widerummig guter herstellung erfolgt: und hierauf verwendet worden ist, was anmit Specificirt wird als

**Johann Georg Ege Maurmeister** alhier hat mit seinen Gesellen und Handlangern ....Abtragung des ofens.... vollkommenen ausmauerung des Ofens ...insgesamt 620 fl 13 x

1781
**Anton Pfeiffenhofer** zu Türkhheim bleibt mit seinem Laudemio der 75 fl da er noch keine bemitlete Heurathsgegentheil ausfündig machen konnte
**Ferdinand Stiller Maurmst**. in Ettringen erhielte mit seinen Gesellen durch abtragen der S:V:ruinosen Schwein Stall Mauer, dann widerumig frischer Aufmauerung derselben 73 fl 18 x (Schweige Ostettringen)
Ziegelstadel: Errichtung einer Neuen Ziegel Fabricatur= und derley zeug Trocknungshütte, oder Stadl...**Karl Magnus Bergmiller** um die ferten geliferte 4. Neue Stein Möbl a 17 x und die ausgebessert alte deto zu 8 x thuen laut Scheins 1 fl 40 x

1782
Pfarrhof: ...Dem Thännenmeister Franz Anton Schregle hat die benöttigt, band Materialien beygeführet...**Karl Mang Bergmiller** Schreiner zu Türkheim wurden wegen machung eines neuen Kreuzstockhs, dann ausbesserung der fenster Rammen und derley läden ... 32 fl

1783
**Ferdinand Stiller Maurermeister** in Ettringen hat mit zu Hilfnehmung 2 Gesellen 2 latten lang gedeckt und zum Lohn ... 20 fl 26 x (Amtswohnungen)
Der **Martin Stiller Maurermeister** alda hat dem aldaigen Zwinger hin= und wider ausgebessert und dazu 150 halbe Stein nothwendig verbrauchet, welche in hiesige Ziglkasse het gemachen sein, mit 22 x

1784
**Die Stillerischen Kinder zu Schwabeck....**
Nach vorgegangen gnädigster verordnung und erstattet unterthänigisten Kasten Amts Berichtes wurde solcher Zieglstadl dann Brennofen samt denen Zugehörungen anheuer in anwesenehit der alhier gewest HochLöbl: Hofkammer Commission an **Augustin Widmann** dermaliger Ziegler Laut abgehaltenen ExtraditionsProtocoll und darüber hin demselben gnädigst ertheilten Gerechtigkeits Brief auf Erbrecht überlassen und ein geraummet, so daß Er Widmann zum gnädigst bestimmten Kaufschilling 1500 fl und zwar sogleich bar 800 fl die übrigen 700 fl aber in jährl: 100 fl fristen bezallen.....

1785
**Franz Joseph Settele** Schreiner zu Türkheim ...für Kastenamtswohnung

1786
nichts erwähnenswertes

1787
Sigmund Kleinhenne Kapelldiener...
**Joseph Kaspar Mahler** alhier hat heuer ab dem $^3/_4$tel Juchet Franz Miller...Zehent bezahlt
**Karl Mang Bergmüller** Schreiner alhier erhielt für die neu gemacht starke Thür samt gerüst und Kleidung 7 fl 6 x (Kastenamtswohnung)
**Franz Joseph Settele** Schreiner für ausbesserung und Neumachung der gätter, wird dem Einflug der Tauben und Vögeln vis Scheins 2 fl 5 x
**Michael Klughammer Schreiner** alhier für ein Rammrad und einen Trib zur Windmühle (in den Pfarrhof)

1788
Keine nennenswerte Eintragung

1789
**Michael Klughammer Schreiner** für Amtswohnung
**Karl Bergmüller Schreiner** zu Türkheim verfertigte
Tachlichtern 4 fl in Kastenamtswohnung

1790
**Karl Bergmüller Schreiner** zu Türkheim verfertigte
Tachlichtern 4 fl in Kastenamtswohnung

1790
Kastenamtswohnung: **Karl Bergmiller** Schreiner hat von
verfertigung der Schreibtisch und Pulte 2er KreuzStückh... 14
fl 35 x

1791
Kastenamtswohnung: **Karl Bergmüller** Schreiner...neuen
Kasten 3 fl 24 x
Kastenamt: **Karl Bergmüller** Schreiner...Tachlichter samt
Läden 1 fl 24 x
Pfarrhof und Zehentstadel: **Karl Bergmüller Schreiner**...2
Neue Kreutzstöck und 2 neue Türen 10 fl 38 x

1792
Pfarrhof: **Karl Bergmüller** Kreuzstöck

1793
Kastengebäude: **Karl Bergmüller** von Ausbesserung der
Windmüllen 15 x

1794

Kastenamtswohnung: **Karl Bergmüller** ....Ausbesserung von
Kreuzstöcken 2 fl 42 x
Kastenamtswohn ung: Besagter Schreiner **Bergmüller**
...verfertgite 4 neue Kreuzstöckhl a 45 x   3 fl

1795

1796
Sigmunde Kleinhenne Hofkapelldiener

1797
Johann georg Siber Sibmacher von Dittmannsried...
**Karl Bergmüller** Schreiner von hier erhielt für ein gdgst:
anbefohlene neu verfertigte Rechnungskirche 1 fl 14 x
**Joseph Kaspar Maler** allhier wurde für anschreibung
bemeldter Kiste bezalt 3 fl 45 x

1798

1799
Kastenamtswohnung: **Joseph Anton Settele bürgerl**:
Schreiner von hier empfing für eine neuen Tisch in die
HauptRegistratur...36 x
...**Karl Bergmüller** für eine Rechnungskirste 54 x

1800
Ablieferung von Gilt an das Kastenamt: **Karl Bergmüllers
Witwe**: 7fl 30 x
4. April, beim Stadel des Bäckers Heiß, neben der
KastenamtsWohnung, brach um 5 Uhr Früh Feuer aus. also:
**Fr[anz]. Jos: Settele** Schreiner von hier...Fensterstücke,
Thüren, Tisch und Uhr in der Schreibstube 12 fl 8 x

**Klement Willhelm Schreiner zu Angelberg** [= Tussenhausen]um 3 neue Stücke samt Fenster Ramen und Läden 7 fl 52 x
**Karl Bergmiller Schreiner** von hier für obige 2 Halbstücke samt Rammen zu machen und für 2 Thürgerüster auch 3 Thurem und verdopplung derselben samt bretter 8 fl 50 x

1801

1802
Kastenamtswohnung. **Frantz Stiller** von Ettringen wurde für einen Neuen Kreutzstock im anbau.....

1803

1804 hier Vorgänge zur Säkularisation

**Register**

**Personen**

| | |
|---|---|
| Aurbacher, Joseph, Nagelschmied | 84 |
| d'Aviano Marco | 35 ff |
| Bader, Georg, Maurer | 34 |
| Bairischer Hiesl | 84 |
| Bauer, Lorenz, Kistler | 49 |
| Beich(e)l, Pey(h)l, Bildhauer 53 | 34, 37, 45, 47, |
| Beer, Thomas, Maurer | 32 |
| Bergmüller, Andreas, Andree, Kistler 52, 54 ff | 40, 41, 42, 43, |
| Bergmüller, Anton | 55 |
| Bergmüller, Dominikus | 65 ff |
| Bergmüller, Bergmühler, Hans, Kistler 43, 45, 46, 48, 49, 50, 51, 52, 54, 55, 56 ff | 38, 39, 41, 42, |

| | |
|---|---|
| Bergmüller, Hans Georg, Schreinergeselle | 62 |
| Bergmüller Johann, Sohn des Dominikus | 84 |
| Bergmüller, Karl Magnus | 85 ff |
| Blasy, Veit, Maurer | 32 |
| Buder, Severin, Bildhauer(geselle) | 55, 66 |
| Dillnau, Johann | 79 |
| Dot(t)l, Sebastian, Stuckator | 63 |
| Drexel, Joseph Anton, Pfarrer | 56 |
| Ege, Johann Georg, Maurer | 86 |
| Egerer, Gabriel, Kistler | 33, 34, 37 |
| Fux Christoph | 43 |
| Fux (Fuchs), Paul | 31,36 |
| Gedler, Paul, Schreiner | 75, 78 ff |
| Geiger, Hans Jakob, Kistler | 30 |
| Hafer Bernhard, Maler | 77, 80 f |
| Hafner, Joseph, Maler | 68 |
| Hafner, Matheis, Maler | 69, 72 ff |
| Hansen, German, Maurer | 65 |
| Hegenauer, Hans Michael, Bildhauer(geselle) | 74 |
| Hegenauer, Wilhelm, Bidhauer | 74, 75 |
| Herle, Hörle) Hans | 37 |
| Herle, Hörle, Matheis (Mathias), Kistler | 27, 31, 36, 37 |
| Hertrich, Melchior | 66 |
| Hertrich, Michael, Maurer | 27 |
| Hertrich, Hörtrich, Caspar | 70 |
| Herzog, Ulrich, Maler | 48 |
| Kaspar, Joseph, Maler | 88, 90 |
| Kayser, Franz, Organist, Schulmeister | 52, 53 |
| Kai(y)ser, Hans, Wirt | 40 |
| Kai(y)ser Georg, Schulmeister | 49, 51 |
| Keller Joseph, Scharfrichter | 79 |
| Kleinhenne, Oberjäger | 84 |
| Klughammer, Joseph, Schreiner | 75 |
| Klughammer, Michael, Schreiner | 88 |

| | |
|---|---|
| Kluzer, Jakob, Kistler | 49 |
| Knoll Simon, Maurer ? | 27 |
| Knollenberger SJ | 45 |
| Laub, Hans, Maurer | 35 |
| Lehner, Peter von | 59 |
| Lutz Geoerg, Flößer | 37 |
| Mädrisch, Jakob, Bildhauerlehrling | 53 |
| Maximilian Philipp, Herzog | 28 ff, 31, 49 |
| Mauritia Febronia | 44 |
| Merk Hans, Stuckator | 34 |
| Natter, Thomas, Maurer | 50 |
| Nick(h)l, (Niggel)Hans Michael, Maler, Zäpfler | 49, 56, 77 |
| Ostler, Sebastian, Maurer | 41 |
| Päramann, Joseph, Maurer | 45, 48 |
| Pfeifenhofer, Anton | 86 |
| Pfeifenhofer, Leonhard | 48, 53, 56 |
| Pfeifenhofer, Bildhauer | 63, 64 |
| Port (borth) Christoph, Kistler | 37 |
| Potma, Johann Jakob, Maler | 30 |
| Pürckh, Martin, Bildhauer(geselle) | 64, 68 |
| Reiter Christoph, Bildhauersohn | 75 |
| Reit(t)er, Franz, Bildhauergeselle | 53, 58 |
| Salezer, Matheis, Kistler | 36 |
| Schmid, Paulus, Kistler | 50 |
| Schmuzer, Johann | 30, 36 |
| Schwaiger, Peter, Kistler | 49 |
| Schweiger, Simon, Maurer | 32 |
| Schwaiger, Simon, Fassmaler | 35, 41 |
| Sei(t)z, Christian, Stuckator | 63 |
| Set(t)ee, Sedele, Michael, Schreiner | 61 ff |
| Settele, Franz Joseph, Schreiner | 86 |
| Starckmann, Georg, Kistler | 49 |
| Stiller, Adam, Maurer, Hafner | 77 ff – 82+ |
| Stiller, Felix, Maurermeisters Sohn | 78 |

| | |
|---|---|
| Stiller, Ferdinand, Maurereister | 85 ff |
| Stiller, Franz | 90 |
| Stiller, Joseph, Maurermeister | 80, 81 |
| Stiller, Martin, Maurer | 77 ff, 87 |
| Stiller Math(t)heis, Maurer, Stuckator | 40, 43, 49 |
| Stiller Matheis | 79 |
| Stiller, Michael, Maurer und Stuckator | 55, 56 ff |
| Strobel, Andreas, Orgelbauer | 78 |
| Strobl, Joseph, Stuckator | 63 |
| Viskary, Antony | 44, 45, 48 |
| Wi(e)d(e)mann, Augustin, Ziegler | 87 |
| Wilhelm, Klement, Schreiner Ignaz | 90Witsch, 63 |
| Witsch, Lorenz, Kistler, Brunnenmeister 42, 48, 49, 50, 52, 53, 54, 56, | 37, 38, 39, 41, |
| Zeller, Jakob, Kistler | 52 |
| Zimmermann, Hans Jakob, Maler | 56, 57, 61 |
| Zöpf Chrysostomus | 34 |
| Zöpf, Georg, Stuckator | 32, 34 |

**Orte**

| | |
|---|---|
| Amberg, Kirchenraub | 29 |
| Amberg,, Schloss | 28 |
| Angelberg | 90 |
| Andechs | 47 |
| Augsburg | 50 |
| Babenhausen | 66 |
| Berg | 48 |
| Dietmannsried | 89 |
| Ettringen 57f, 61, 63, 65 ff, 70,76, 78, 80 ff, 85 f, 90 | 32, 37, 49, 55, |
| Füssen, St. Mang, Gips | 31, 32, 43, 47 |
| Haltenberg | 28 |

| | |
|---|---|
| Hiltenfingen | 30, 31, 37, 48, 49, 52, 56, 60 |
| Hohenschwangau | 47, 50 |
| Irsingen | 34, 34, 36 |
| Kempten | 36 |
| Klimach | 30 |
| Konradshofen | 33 |
| Krumbach | 84 |
| Landsberg | 33 ff |
| Leeder | 30 |
| Mattsies | 32, 33, 36, 37, 45 |
| Mindelheim | 33 ff, 37, 50, 78 |
| München | 44, 81 |
| Ochsenhausen | 37 |
| Pfullendorf | 74 |
| Rottenbuch | 28 |
| Scheuring | 28 |
| Schwabegg, Schwabeck | 43, 80, 87 |
| Siebnach | 50 |
| Stockheim (Stockach) | 37 |
| Türkheim, Amthaus | 46 |
| Türkheim, Benno Kapelle | 32 ff, 48, 71, 75 |
| Türkheim, Frühmesshaus | 47 |
| Türkheim, Leonhardkapelle | 38, 42 |
| Türkheim, Loretokapelle, lauretanische Kapelle | 36, 37, 50 |
| Türkheim, Pfarrhof | 48, 49, 60, 63, 75, 89 |
| Türkheim, Pfarrkirche | 29, 38, 48 |
| Türkheim, Schloss(kapelle) | 31, 36, 37, 38, 39, 44, 47, 48, 49, 50, 54, 63, 65 |
| Türkheim, Kapuzinerkirche | 51, 65 |
| Türkheim, Spital | 39 |
| Türkheim, Zehentstadtl | 89 |

| | |
|---|---|
| Unterrammingen | 53 |
| Wiedergeltingen | 32, 35, 38, 41 |
| Wien | 63, |
| 64Wörishofen | 33 |
| Ziemetshausen | 56 |

**Sonstiges**

| | |
|---|---|
| Armen-Seelen-Bruderschaft | 40 |
| Corpus-Christi-Bruderschaft, Fronleichnam | 42, 48, 8^1 |
| Bischof von Augsburg | 30 |
| Kapuziner | 30, 38, 44 |
| Kirchenmusik | 29 |
| Krieg | 28 |
| Schulmeister | 27, 37, 39, 49, 51, 60 |
| Schwä(e)ngerungsstrafen | 27, 28, 29, 40, 41, 43, 48, 50, 51, 54 |

Wie das Register zeigt, sind die Kastenamtsrechnungn eine gewaltige Fundgrube.

Hier findet sich der große Münchner Baumeister Viscardi samt seinem Vorarbeiter ebenso wie der selige Marco d'Aviano. Hier gibt es Hinweise auf Türkheimer Bauten wie Schloss, Bennokapelle, Loretokapelle, Pfarrhof usw. Man bekommt hier Material über mittschwäbische Barockmaler, - bildhauer, - kistler. Was Baumeister und Stuckatoren betrifft, so liefern sie Material für solche aus Ettringen (Stiller) und Wessobrunn. Gips zum Stuckieren wurde nicht nur aus Hohenschwangau, sondern auch aus Füssen (St. Mang) bezogen. Hier gibt es Informationen über den sonst recht spärlich dokumentierten Amberger Kirchenraub oder über den Abbruch des Amberger Schlosses.

Hier gibt es auch Quellen über Schule und Schulmeister in dieser Gegend.

Von besonderem Reiz sind hier auch die niederen Strafen für außereheliche Schwängerungen und Streitigkeiten bzw. Handgreiflichkeiten.

Es werden auch weiter entlegene Orte erwähnt wie Leeder, wo der Bischof weilte oder Schloß Haltenberg, wo Herzog Maximilian Philipp von Türkheim aus wohl zur Reiherjagd fuhr.

Schloß Haltenberg um 1698

In dieser Reihe bisher erschienen:

1. Heimatschrift für das östliche Unterallgäu, 128 Seiten, Norderstedt (BoD) 2021
Der Prozess gegen Ludwig Freiherr von Vogelsang und seine Frau Vera, geb. Waibel

2. Heimatschrift für das östliche Unterallgäu, 160 Seiten, Norderstedt (BoD) 2021
Türkheim in der ersten Hälfte des 20. Jahrhunderts von Hans Ruf

3. Heimatschrift für das östliche Unterallgäu, 115 Seiten, Norderstedt (BoD) 2021
Die Umpfarrung der Protestanten in Türkheim aus der Pfarrei Langerringen in die Filialkirchengemeinde Mindelheim

4. Heimatschrift für das östliche Unterallgäu, Norderstedt (BoD) 2022
Amberg – Anmerkungen zur Geschichte eines schwäbischen Dorfes

5. Heimatschrift für das östliche Unterallgäu, Norderstedt 2022
Ostettringen, Piesternhof

6. Heimatschrift für das östliche Unterallgäu, 127 Seiten, Norderstedt (BoD) 2022,
Die Kapuziner in Türkheim im 20. Jahrhundert


In Planung:
8. Heimatschrift für das östliche Unterallgäu
Floßfahrt auf der Wertach